**Simples poemas
e pequenas histórias**

Editora Appris Ltda.
1.ª Edição - Copyright© 2021 do autor
Direitos de Edição Reservados à Editora Appris Ltda.

Nenhuma parte desta obra poderá ser utilizada indevidamente, sem estar de acordo com a Lei nº 9.610/98. Se incorreções forem encontradas, serão de exclusiva responsabilidade de seus organizadores. Foi realizado o Depósito Legal na Fundação Biblioteca Nacional, de acordo com as Leis nos 10.994, de 14/12/2004, e 12.192, de 14/01/2010.

Catalogação na Fonte
Elaborado por: Josefina A. S. Guedes
Bibliotecária CRB 9/870

C957s
2021
	Cruz, Fábio Lucas da
	    Simples poemas e pequenas histórias / Fábio Lucas da Cruz.
	- 1. ed. - Curitiba: Appris, 2021.
	    175 p.; 23 cm.
	
	    Inclui bibliografia.
	    ISBN 978-65-250-1124-0
	
	    1. Poesia brasileira. 2. Humanidade. I. Título.
	
	                                           CDD - 869.1

Livro de acordo com a normalização técnica da ABNT

Appris
editora

Editora e Livraria Appris Ltda.
Av. Manoel Ribas, 2265 – Mercês
Curitiba/PR – CEP: 80810-002
Tel. (41) 3156 - 4731
www.editoraappris.com.br

Printed in Brazil
Impresso no Brasil

Fábio Lucas da Cruz

Simples poemas e pequenas histórias

FICHA TÉCNICA

EDITORIAL	Augusto V. de A. Coelho
	Marli Caetano
	Sara C. de Andrade Coelho
COMITÊ EDITORIAL	Andréa Barbosa Gouveia (UFPR)
	Jacques de Lima Ferreira (UP)
	Marilda Aparecida Behrens (PUCPR)
	Ana El Achkar (UNIVERSO/RJ)
	Conrado Moreira Mendes (PUC-MG)
	Eliete Correia dos Santos (UEPB)
	Fabiano Santos (UERJ/IESP)
	Francinete Fernandes de Sousa (UEPB)
	Francisco Carlos Duarte (PUCPR)
	Francisco de Assis (Fiam-Faam, SP, Brasil)
	Juliana Reichert Assunção Tonelli (UEL)
	Maria Aparecida Barbosa (USP)
	Maria Helena Zamora (PUC-Rio)
	Maria Margarida de Andrade (Umack)
	Roque Ismael da Costa Güllich (UFFS)
	Toni Reis (UFPR)
	Valdomiro de Oliveira (UFPR)
	Valério Brusamolin (IFPR)
ASSESSORIA EDITORIAL	Renata Miccelli
REVISÃO	Cibele Bastos
PRODUÇÃO EDITORIAL	Bruna Holmen
DIAGRAMAÇÃO	Daniela Baumguertner
CAPA	Fábio Lucas da Cruz
COMUNICAÇÃO	Carlos Eduardo Pereira
	Débora Nazário
	Karla Pipolo Olegário
LIVRARIAS E EVENTOS	Estevão Misael
GERÊNCIA DE FINANÇAS	Selma Maria Fernandes do Valle

A todos que lutam por justiça social.

AGRADECIMENTOS

Agradeço à minha mãe, Edna Ebúrneo Camargo Cruz, por todo o carinho e amor. Você esteve sempre ao meu lado, nas horas boas e ruins. Nunca deixou de me ajudar e me afagar com sua bondade. Você é a razão da minha vida.

Agradeço ao meu pai, Francisco Lucas da Cruz, por toda a luta, pelas conquistas e apoio nos momentos mais difíceis da vida.

Pude estudar e tomei gosto pelas palavras, porque vocês trabalharam muito para me criar e acreditaram que eu poderia ser o primeiro a ter um diploma. Amo vocês e agradeço por tudo.

Também, agradeço à professora Adriane Roberta, pelo belo texto do prefácio e aos docentes que foram e ainda são companheiros e companheiras da luta pela educação de qualidade para todos.

As coisas tangíveis

tornam-se insensíveis

à palma da mão.

Mas as coisas findas,

muito mais que lindas,

essas ficarão.

(Carlos Drummond de Andrade)

APRESENTAÇÃO

Ao leitor e à leitora.

Mesmo que não nos conheçamos, compartilho contigo meus sentimentos e percepções sobre a vida. Mesmo que não gostes deste livro, caro leitor e cara leitora, já interagimos sentindo o mundo. Escrevi sobre o cotidiano, as histórias e memórias, violência, sentimentos que veneramos e outros que condenamos.

Este livro é simples na forma e no conteúdo. Não tenho a presunção de me considerar escritor. Sem métrica ou grandes referenciais, pus-me a escrever nas horas de insônia, de tristeza e de ansiedade. Escrevi para me tratar. Cada texto serviu para me concentrar, extravasar, encontrar a calma e a alegria. De minha terapia nasceu um punhado de textos, guardados aqui e acolá dentro dos arquivos digitais.

Reuni estes fragmentos de momentos de vida e, agora, exponho ao julgamento do público. Entendo que preciso que outros dialoguem comigo por meio da leitura.

Um texto, uma estrofe, um parágrafo... Já terei atingido meu objetivo se algo chamar a atenção de quem abrir este livro. Tudo aqui é muito singelo, às vezes ácido, outras ingênuo, cheio de contrastes como a própria vida.

Tudo simples.

Na simplicidade espero que encontremos as mais profundas sensações.

O autor

PREFÁCIO

De imediato, exponho a honra em prefaciar o livro *Simples poemas e pequenas histórias* de Fábio Lucas da Cruz e o faço na condição de leitora e admiradora. Passei um tempo sobre os originais e oscilei sobre quais elementos das elucubrações trazidas neste livro deveriam ser colocados em destaque. Entretanto, a resolução para minha hesitação se desenhava já na sua face mais explícita: na capa.

Simples... O encontro com esse título já é, por si só, uma ocorrência e uma instigação. No título estão condensados, de alguma forma, algo que temos e, ao mesmo tempo, estamos sempre à procura. Ao escolhê-lo e "poetizá-lo", Fábio manifesta uma inquietude sobre o humano e a sociedade que faz parte de sua vida, a maior parte dela dedicada a pesquisar, lecionar, escrever, debater, enfim, fazer poesia em todos os sentidos.

Este livro fez-me lembrar de um poema chamado "Metade" de Oswaldo Montenegro, "...que a arte nos aponte uma resposta e que ninguém tente complicá-la porque é preciso simplicidade para fazê-la florescer."[1] E é assim que a arte nasce nesta obra. Entre o poema e a narração suprimiu-se qualquer sinal intermediário. Isso nos remete à necessidade de promover esse encontro-enlace entre poesia e conto, e a simplicidade foi a condição tanto para uma quanto para outro se realizarem na obra.

Ao lê-lo, em diferentes perspectivas, percebi que este livro convida o leitor a desvendar os labirintos de um pensamento que é, antes, leal aos sentimentos, tendo o propósito de explicá-los ou descobrir suas atribuições no mundo. Os contos e poemas, portanto, servem inicialmente como uma ferramenta para desvelar ainda mais arte.

Trata-se, primeiramente, de poemas vistos por mim como cacos, não como aqueles obtidos da quebra involuntária de algo, mas de cacos minuciosamente construídos. Poemas cacos de pontas arredondadas e que nos permitem sentir e reconhecer a beleza do simples e do corriqueiro. Leves e coloridos, cuidadosamente arquitetados para

---

[1] Oswaldo Montenegro. Metade. Rio de Janeiro: Warner Music, 1997. Disponível em: https://www.youtube.com/watch?v=y05kvE8F_OU. Acesso em: 10 mar. 2021.

expor como são grandes as coisas pequenas. No entanto, inadvertidamente somos lançados aos pontiagudos e ásperos, edificados para escancarar aquilo que não se quer ver. Contudo, foram sensivelmente esculpidos para trazê-los à tona. Não são poemas que se revelam pertencentes a lados contrários, mas que se configuram em fragmentos que compõem um todo alinhado justamente no caótico. Não podia ser diferente, já que o bom poema, tenho a audácia de afirmar, paira entre o encantamento e o assombro. Portanto, não espere que a poesia desta obra mostre a você o caminho, são escritos desprovidos e descomprometidos de certos e errados, não julgam, não tomam partido, são o que são: incontroláveis e convidam ao questionamento e à comutação.

A segunda parte do livro traz narrativas notáveis, revelando circunstâncias rotineiras que expõem nossas limitações de conduta, de saberes e de habilidades necessárias à sobrevivência cotidiana. Algumas vezes, oferecendo-nos a posição de vítima, em outras, conduzindo-nos pelo assombroso caminho do vilão. E não foram poucas as trajetórias que a obra desvenda para oferecer um descaminho farto de sabedoria, inquietudes e angústia. Rotas escancaradas e subterrâneas, melancólicas ou límpidas, as quais nos envolvem.

O leitor encontrará no percorrer deste caminho uma delicada sensibilidade ao pôr em xeque valores e necessidades existenciais, e um apurado discernimento da severidade dos limites da nossa existência. Desse modo, o professor transforma-se em escritor e parte para uma escritura participante do cotidiano. A experiência humana, aqui exteriorizada, concede-nos uma visita ao estranhamento do conhecido, que persegue a superação da estreita divisa entre o acurado e o condenável.

Sensibiliza atinar que este livro, lotado de contemplações intensas, dispostas sobre uma ampla inquirição sobre a vida e o mundo, revelados em poesia e narração, passa longe de se apresentar como o ponto final. Adversamente a isso, a particular percepção do autor na construção dos poemas e contos coíbe que qualquer dilema instalado no livro desvaneça. As perplexidades, adversidades e elucidações colocadas na obra, antes de serem um percurso a ser vencido durante o amadurecimento do leitor, são inatas da escritura literária e da vida de Fábio.

Admiro as pessoas que fazem arte das palavras, mas é admissível que eu tenha ainda mais o que admirar naquelas que, com suas palavras, motivam-nos a indagar mais e mais. *Simples poemas e pequenas histórias* é um livro que leva os leitores muito além do ponto em que se encontravam antes de conhecê-lo. Se a simplicidade com a qual foi escrita este livro é algo que deva existir no mundo que queremos, saímos desta leitura consumidos pela experiência de ter encontrado parte de nossas vidas nestas páginas. Algumas alentam-nos e perdoam, outras nos fazem submergir nas rupturas da vida sem medo de se afogar. Encorajar-nos a tanto é o que faz este livro. Um livro fragmentado em que o leitor junta os cacos e monta um vitral de vida.

Prof.ª Dr.ª Adriane Roberta Ribeiro de Macedo
Professora de Língua Portuguesa do IFPR – Campus Campo Largo

SUMÁRIO

SIMPLES POEMAS

Simples poesia 23
A beleza da vida 24
Despir-se 25
Invasão 27
Depressão 29
Sentir 31
Vento 32
Vênus 33
Morte 34
Ódio 35
Inveja 36
Vírus 38
Silêncio 40
Sensações 41
Mariposas 42
O Outro 43
Prisões 45
Ninho 47
Humanidade 48
Para olhares 49
Cansaço 51
Invisíveis 54
Trabalhador 56
Pais e filhos 58
Lembrança de Brecht 60

O mundo em fim..61

Rua..63

Professores 64

Brincar 65

A gata...66

Arrependimento 67

Falsidade 69

Velhice..70

Seca..72

Atração 73

Floresta 75

Imploro um beijo antes que me mate........................77

Declaração de amor..78

Quando vejo Portinari...79

Amor sincero..81

Objetos 82

Fé 84

Redes virtuais 85

Escuridão..86

Abuso 87

Que seja..88

Enamorados 89

Preocupação...90

Corpo 92

O casal 93

Ser 94

Gestação 96

O espetáculo...97

Gigante 99

Eternidade 100

Petróleo 102
Amizade 103
Reciprocidade 104
Pesadelo 105
Brasil 106
Chorar 108
Discurso 109
Lucidez 110
Fábrica 112
Sons da cidade 113
Paciência 114
Normal 115
Timidez e introversão 117
O reino de Deus 120
Conselhos para mim 121
Planos 122
Perdão 123
Dúvida 124
Golpe 125
Minha natureza 126
A Thomas Hobbes 127

SIMPLES PEQUENAS HISTÓRIAS

Um professor 131
Adultério 133
O pedido 135
Depoimento cotidiano 137
Crime 139
Testamento 142
A viúva 144

Primeiro beijo 146

Enchente 148

Sequestro 149

Mãe 152

Carnaval 154

A menina 157

Vampiros 160

O piano 162

A paisagem que já não existe 164

Oração para meu melhor amigo 166

Assassinato 168

Papel 169

Casamento 170

Mônica 172

SIMPLES POEMAS

Simples poesia

Meus versos podem não ser versos
Seriam frases aleatórias sem sentido?
Meus poemas podem não ser poéticos
Seria poesia apenas a descrição sublime?
Minha poesia é simples escrita
Desabafo de horas vagas
É forma de alimentar minha alma.
Escrevo para mim e penso em nós
Humanos perdidos em cotidianos incertos.

Da simples poesia nasce a mais profunda reflexão
Palavras simples, objetivas, sem público seleto
Não foram feitas para agradar, ferir ou impressionar.
As poesias mais simples existem como o curso de um rio
Seguem a natureza, sem saber onde vão desaguar.

Os poetas da métrica e da estética são sábios.
Muitos alcançaram a perfeição literária com a simplicidade.
Referências para entender o mundo, os poetas são imortais.
A vida extravasa pelas linhas de uma poesia,
Inunda corações e alimenta gerações da história.

Minhas poesias são despretensiosas.
São expressões de minhas imaginações
E fonte de sentimentos comuns e inevitáveis.
Escrevo por me fazer bem e não por vaidade.
Aqueles que tomam meus versos simples
Podem fazer seus próprios julgamentos
E deixar aflorar o melhor e o pior de si
Simples assim.

A beleza
da vida

Fazer cócegas no bebê e se empolgar com as risadas
É uma forma de entender a beleza da vida.
A vida é ingênua e contenta-se com pouco
Para criar momentos de súbita e memorável felicidade.

A luz do sol numa fresta da casa quando amanhece
Indica o recomeço de uma caminhada.
O vento pela janela na viagem de carro balança os cabelos
E uma energia reconforta-nos como se fosse o sopro divino.
O barulho da chuva é uma cantiga de ninar
A alimentar a natureza e lavar a alma dos homens.

Chorar pelas mazelas do mundo
Não tira a beleza da vida
Pois não há nada mais belo
Do que a emoção e o compromisso com a Terra.
A dor permite sair de nossa indiferença
E nos faz melhores quando o choro diante da morte
Transforma-se em energia para continuar a amar a vida.

Despir-se

Depois do primeiro encontro,
Decidi nada mais esconder.
Tirei toda a roupa
Despi-me de toda a vergonha
Do medo
Da dor.

Mostrei-me por inteiro
Carne e osso
Pele e pelo
Corpo e alma.

Exibi-me ao julgamento dela,
Entreguei-me por inteiro
À espera de que me visse
Sentisse
Amasse.

Compartilhei minha nudez
Meu íntimo
Todos os mais recônditos segredos.
Esperei que ela também mostrasse
As cicatrizes
Os receios
Desejos dentre as coxas bem guardados.

Eu queria que me visse
Para que eu também pudesse ver
Seus medos
Suas dores
Seu corpo
Sua alma.
Despi-me num rompante,
Inesperado para quem antes
Calou-se
Segurou o riso

O choro
O desejo
E o medo.

O homem nu que ali estava
Ontem não sabia quem era
Escondia-se nas poucas palavras
Nos sorrisos amarelos
Nos olhares furtivos.

Demorei muitos anos para me despir
De mim mesmo.
De alguém pálido
Seco e amargurado.

A nudez salvou-me.
Arrisquei que ela me negasse.
Ela se negou.
Manteve-se vestida,
Olhou-me com pena
E foi para sempre.

Minha verdade não bastou.
Senti-me livre.
Despi-me de todas as coisas fúteis
E das expectativas vãs.

Andarei nu à espera de alguém
Que também se dispa para ser olhada
Amada e desejada por inteiro.

Invasão

Corpos esquálidos pisam na areia
Sujos, fétidos, famintos
Doentes, sedentos e cansados
Depois de tantos dias a navegar
Em monstros marinhos de madeira.

Tudo é verde e fresco
Alívio para as almas atormentadas
Tudo é novo e estranho
Insegurança para navegantes.

Quando os donos do lugar avistaram
As praias repletas de náufragos
Sentiram pena da miséria alheia
E compartilharam água limpa das nascentes
E o caju fresco com poupa doce.

Dois mundos estranharam-se:
Roupas demais versus nudez natural
Enfeites de penas versus cruzes e metais
Líderes guerreiros versus mercenários.

Os náufragos mostraram porque vieram
Ao instigar as guerras entre os povos nativos
Deceparam as mesmas mãos que os alimentaram
Roubaram a madeira, escravizaram, devastaram
Estupraram, assassinaram, humilharam
Impuseram a cruz como única fé
E desvalorizaram tradições milenares.

Alimentaram a cobiça por duzentos anos
Transformaram a terra invadida em entreposto
Fizeram do açúcar um produto amargo
Para o qual viviam e morriam almas escravizadas.

Os invasores chamaram de "índio" os donos da terra
Disseram que não tinham alma, história, cultura e vida
Guarani, Tupinambá, Carijó, Pataxó, Yanomami
E outras centenas de povos originários
Ainda lutam contra invasores de suas terras
Para provar que ninguém pode impor uma história de derrota
A povos cujas histórias antecedem a invasão europeia.

Eles trouxeram cavalos e objetos de metal que cospem fogo.
Mas preferiram aprender a sobreviver com a mandioca dos povos da terra.
Eles trouxeram os vírus e as dores, as cruzes e a morte.
Pisaram na terra infectados pelo pior do Velho Mundo.
O ouro das Minas que edificaram cidades europeias
Foi o vil e pobre metal da escravização e da destruição da terra.

Os invasores não quiseram entender a natureza.
Esses malditos ainda estão vivos em corpos industriais
As florestas não são vistas como casas
São coisas para quem quer derrubar para lucrar
Transformam lugares de arvoredos e pássaros coloridos
Em pastos ou campos de soja que não alimentam os miseráveis.

Continuam a invadir, matar, infectar, impor deuses falsos.
Continuam a julgar com maldade quem está na origem
Os invasores não têm compaixão ou justiça
Os bandidos disseminam ódio, cobiça e morte
Os donos da terra continuam a luta
Seu sangue molha o chão usurpado pelos mercenários
E suas almas são guardiãs da natureza primordial.

Maldito seja o falso descobrimento da terra que já tinha donos.

Depressão

Ela vive em mim para destruir
Desfaz meu senso para me perder
Tira minha visão para me punir
E me faz prisioneiro para eu não viver.

O corpo sente dores inexplicáveis
A mente pesa, caio em redemoinhos.
Labirintos revoltos tornam-se intermináveis
E me levam a matar demônios SOZINHO.

Sem a pílula, não durmo, não como, não ando.
Tudo se condensa num objeto minúsculo e vital.
Onde está a morte? Esperar por este alívio... até quando?
Ninguém vale a pena, todos são caminhos do mal.

Não existe amor, as aparências valem mais.
Não existe paz, as pessoas matam-se por nada.
Não existiram deuses que me fizeram capaz
De subir cada degrau desta frágil escada.

Eu aprendi que sou doente, não confio em mim.
Minhas ideias precisam de novas experiências.
Sinto que sem ajuda eu já teria dado fim
A qualquer justificativa de minha existência.

Não sou fraco.
Não sou vítima.
Não estou sozinho.
É uma fase.
Há altos e baixos.
A vida tem o sentido que você escolhe.
Apesar destas frases bem-ditas
Sinto-me "um estranho no ninho"
Como um girassol que não quer a luz
Uma flor podre que se recolhe.

Ninguém vai livrar-me dos meus traumas,
Ninguém apagará as memórias que me corroem.
Somente o torpor do sono induzido me acalma.
Pois as incertezas do que hoje sou me destroem.

A energia acabou e nada faz sentido.
O prazer dá lugar ao sofrimento e à ansiedade
Destituído de dignidade, como um animal ferido
Vivo recôndito para não causar piedade.

Uma longa corrente prende-me ao fundo do mar
Sou um joguete para as forças da natureza
Meu corpo já desaprendeu a respirar
E a doença carrega-me para as profundezas.

Para voltar a viver em verdes e claros campos
Firme em propósito e confiante na caminhada
Preciso do apoio para entender meu pranto
Tocar nas feridas para (re)sentir minha jornada.

Sentir

Eu sinto muito.
Não posso entender o quanto você sofre,
o que te faz chorar,
a gravidade de sua dor física,
e os pensamentos que te dilaceram.

Eu sinto muito.
Eu me importo com sua dor,
sua história me comove,
e não sei o quanto foi difícil sua caminhada.
Só você sabe.

Eu sinto muito.
E sei que te sentes também.
Ainda temos olhos d'água
emoções à flor da pele
dentre tanta gente seca.

Nós sentimos muito.
Entre medos e esperanças,
cada um sentirá do seu jeito
as dores desta vida intensa
que todos nós compartilhamos.

Vento

Senti o vento envolver meu corpo
Tocando meus braços com leve frescor
Indo e vindo entre meus dedos
Bagunçando meus poucos fios de cabelo
Trazendo alegria ao meu rosto enrugado.

O vento sempre esteve nas tardes frias
Na aurora e nos parques cheios de folhas de outono.
Veio visitar os banhistas nas praias quentes
E avisar sobre a natureza ferida
Entre mares e matas cobertos com sangue.

Minhas janelas ficaram fechadas para o ar puro
Enquanto trabalhava para uma vida mesquinha
Envelhecendo longe do cheiro de chuva
Sem ver o balançar das árvores e o voo das flores
E os pequenos pedaços de dente-de-leão semeados pelos campos.

A morte é um sopro repentino.
Não me deixei levar pelo vento
Não senti a brisa reconfortante
Não brinquei sob o sol de uma tarde de domingo.
Senti o prazer de estar ao ar livre já muito tarde.

Sempre vi os rodeios dos moinhos de vento
De paraquedistas extasiados em queda livre
Explorando a força dos ventos para uma energia vital.
O movimento do ar como o destino da humanidade
Vagueia por caminhos tortuosos, entre os dedos dos viventes
Que depois já não poderão sentir o ar dentro de si.

Vênus

Com seios cobertos pela espuma da banheira
Ela tocava o rosto alvo com uma mão
E com um ardor que a tomava inteira
Punha os olhos castanhos em minha direção.

Para meu espanto, levantou-se devagar e toda nua
Arrumou os cabelos longos até o ventre
Como a deusa Vênus que com os ventos flutua
Levou amor e luxúria ao meu corpo quente.

Seu dorso molhado virou fonte de carícias
De sua boca pequena sentia doce sabor
Numa explosão de desejo e delícias
Banhamos nossos corpos com frescor.

A deusa Vênus deixou um mortal amá-la
E tocar sua beleza com todo o fervor.
Quem sabe um dia eu volte a encontrá-la
Em meus sonhos e delírios de amor.

Morte

Morrer não é o definhar de uma vida,
Tampouco a lenta putrefação de um corpo.
A Morte vai além da carne ferida,
Não é mera metáfora do caminho torto.

O fim de um caminho é alívio para quem vive,
A ver os outros sob o conhecimento que lhe consome.
Se há dor na ausência que não se redime,
Há mais prazer para quem descansa e morre.

Cantar a Morte já foi lúgubre e famosa tradição
Dos jovens escritores, ébrios enamorados
E dos velhos e sábios sob a luz da desilusão.

Por mais belas que sejam as palavras do poeta
A Morte não esconde a face do legítimo horror
Que traz fulgor e alívio para uma alma inquieta.

Ódio

Nasceu aos poucos como um ardor incômodo
Tornou-se avassalador como uma tempestade
Tomou minh'alma e apodreceu o corpo todo
Onde está recôndito todo fel da maldade.

Meus olhos só veem a joia falsa
Minha mente só deseja a morte alheia
Em pensamentos de amargor que a boca alça
Para proferir o mal que corre nas veias.

Da inveja e do medo num mundo triste
Meu corpo sucumbiu ao som e força estridentes.
Para querer o fim de tudo que existe
E ser como um verme em cadáveres ardentes.

Sombria putrefação de uma vida inútil
Cultivo a solidão dos renegados
E espalho as sementes no mundo vil
Para dar voz e sangue aos desesperados.

Inveja

Eu quero o que te pertence
Para me sentir parte do mundo que lhe cabe
Completar minha vida mesquinha
E sentir-me em tua vida plena.

Eu quero ser o que tu és
Para ser admirado como mereço
Sentir prazeres que nunca tive
E ser amado como se estivesse vivo.

Meu passado é mais sofrido
E quero que sofras também
Quero fazer-te engolir minha dor
E roubar de ti o que tens de melhor.

Suas casas e carros não são conquistas
São presentes que eu também mereço
Sua simpatia e inteligência não são méritos
São elogios que foram tirados de mim.

Eu quero tudo que não tenho
E exijo tudo que o outro possui
Quem muito quer, tudo tem
Por todos os fins e meios.

Eis a inveja em perfeição:
Buraco infinito de querer mais
E ansiar o que não se tem
Para satisfazer a falsa ideia
De que se tem mais valor que outrem.

Não há escrúpulo quando o outro incomoda por ser autêntico
Não há moral naqueles que não querem agradecer o que têm
E satisfazer-se por conseguir algo sem comparar com a
vida alheia.
Se o outro não tem, alegra-se.
Se o outro consegue, revolta-se.
E da amargura nasce o olho maior que as mãos
As mãos maiores que o estômago
E o coração menor que a vida.

A inveja nasce de pessoas que não compreendem
a si mesmas
É alimentada pela perspectiva de completar um
buraco no peito
Onde só há sujeiras, desejos, ambições,
Não sentir admiração pelo outro ou humildade
É atestado de incompetência para construir a própria vida
E existir sem destruir a vida alheia.

Vírus

Seres microscópicos dominam coisas
Tomam os corpos
Alimentam-se das almas
E derrotam impérios.

O homem construiu arranha-céus
Criou a arte, a linguagem, a ciência
Foi para além da estratosfera
E explorou o subterrâneo da terra.

O vírus matou milhões
Mudou rotinas e sonhos
Fez a bolsa de valores cair
E levou para a cova os mais célebres.

A história humana vive outra guerra
Contra um vírus que desafiou a razão
Substituiu as certezas por medos
E fez Wall Street ficar deserta.

Pandemia, globalização, caos mundial.
Soldados em laboratórios e em hospitais
Luta contra o tempo para salvar uma humanidade
Sob corrosão rápida de um ser invisível.

Ele está em toda parte.
É preciso lavar, desinfetar, tapar a boca
Acabar com abraços e vestir as máscaras
Tolher liberdades para continuar vivo.

Esperava-se a união vista nos filmes de *Hollywood*
Em que todos os países vencem os extraterrestres
Ou são todos exterminados pelas catástrofes naturais.
A vacina tornou-se objeto de disputa
E os inimigos da ciência agiram a favor do vírus
Como agentes transmissores em festas da morte.

Milhares de pessoas não conseguem respirar
Milhões aguardam a vacina que está nos países ricos
Centenas tomam medicamentos por crença
Dezenas pregam palavras de Deuses falsos
Unidades de curas falsas vendidas para gente sem fé.

Um ser microscópio mostrou o egoísmo
A maldade, a desigualdade e o fanatismo.
A ciência de ponta não serve para o curandeiro.
Os líderes mundiais não jogam no mesmo tabuleiro.
Fizemos muitos cidadãos do mundo morrerem
Pois fomos incapazes de seguir um mesmo caminho
Infectados pelo individualismo e pelo esquecimento
Não salvamos a fraternidade de seu último suspiro.

Dezembro de 2020.

Silêncio

Quem se cala...
pensa, omite, aprende, divaga, mente.
Quem não fala,
escolhe, planeja, tem medo ou se aborrece.

O silêncio tem muitos sentidos:
dor, ódio ou amor reprimidos.
Inveja, sonhos e desilusões em segredo.

No silêncio, os tímidos encontram a paz
e os extrovertidos encontram a pausa e o fôlego.

O silêncio acalenta, energiza, harmoniza.
Mas também enlouquece e mata.

É preciso perceber o silêncio,
Entender o poder do som abafado ou contido.

O silêncio pode dizer muito mais sobre nossa humanidade,
Do que as inúmeras palavras jogadas ao vento...

Sensações

O som da chuva me acalma.
O brilho da lua me alucina.
O cheiro do mar me enebria.
A forma da colher convida-me a provar.
O calor do sexo instiga meu mundo irracional.
A amargura dos cruéis prepara covas para os homens,
A fumaça do cigarro vicia e mata.
A força do vendaval destrói minha bondade.
A leveza da pluma traz esperança ao meu coração.
A música da orquestra faz meu corpo flutuar.
O gosto de pimenta eleva meu ser e me sinto vivo.
O grito de protesto me faz acreditar na transformação.
O cheiro de gasolina me dá água na boca e incompreensão.
O frio da madrugada ensina a persistir.
Os tons de amarelo de Van Gogh preservam a melancolia,
A luz do abajur me adormece e produz pesadelos.
O barulho do motor me faz recomeçar a viagem.
A imagem da TV causa náusea.
O sabor do feijão remete à cozinha da avó.
O toque macio da seda é igual a uma pétala de margarida.
O arrepio causado por um sussurro me deixa excitado,
A Pietá esculpida por Michelangelo mostra que a perfeição é divina.
A cor da maçã conduz-me aos doces dos parques de diversão.
A imagem de satélite sobre a terra transforma meu ser em átomo.
A dor da saudade enlouquece.
O espelho quebrado envaidece.
O corte do machado me faz matar.
O peso da culpa me faz morrer.

Mariposas

Dizem na crença popular
Que as mariposas sorrateiras
Levam más notícias e azar
Às casas brasileiras.
Eu não acredito em tal ideia
Se uma mariposa me visitar
Sinto o privilégio de recebê-la
Depois de ser lagarta e aprender a voar
Veio até mim para conhecê-la.
Ao contrário de aviso de morte
Com tons escuros de grande beleza
Mariposas trazem grande sorte
Mensageiras da natureza.
Quando voam levam vida
Escondem-se na escuridão
Aguardam o tempo para voar
Imponentes na imensidão.

O Outro

Eu sou o Outro.
Aquele que não pode comprar
Decidir os rumos a seguir
Definir o que é certo
Vestir
Comer
Ser.

Eu sou o Outro
Pois não me encaixo
Tenho doença
Tristeza
Fome
Pobreza.

O Outro é o avesso
Do elegante
Do famoso
Daquilo que está sob os holofotes.

O Outro é extremo,
Escuro, feio
(In)Suportável porque existe.

O outro sempre é objeto
Da profunda indignação.
É aquele que deve ao BOM
Que lhe resgate da lama
Para ser...
...limpo
...educado
...esforçado
...consumidor.

O Outro não é essencial
Sua voz é dispensável
Sua vida é descartável...
Irrelevante por ser Outro.

A maioria do mundo é feita de Outros
Que repõem Outros que também são nada
É o nada preenchido por quem é...
Lei
Rei
Dono
Rico
Tradicional
Empresário.

Minha pele é Outra.
Minha história é Outra.
Minha luta é Outra.

Dizem que um dia não haverá mais Outros
Haverá Nós
Ao quebrar os espelhos forjados
Numa realidade hipócrita
Que divide gente
Como se dividem coisas.

Prisões

Milhões de homens e mulheres reclusos
Por ameaçarem a ordem e os bons costumes
Empoleiram-se uns sobre os outros
Como ferozes animais selvagens enjaulados.
O buraco da latrina expõe a intimidade
Os corpos tatuados e suados buscam os buracos
Onde entram a luz e o ar que aliviam o desespero.

Aprisionados por matar, estuprar, roubar e traficar
Corpos negros e jovens não encontram a redenção
O crime deveria estar longe das paredes altas e grossas
O propósito da justiça mantém-se cego
Enquanto facções matam-se dia a dia
Os mais novos são espancados para aprender a temer
Ou estuprados para serem capachos dos chefes locais.

Prisões são países de territorialidade usurpada
É preciso negociar com as lideranças e entender a economia
Movida a pó, de narinas ansiosas pelo torpor
As leis são outras e a existência depende da esperteza
Entender que a lei e a vida não são para todos.
Reúnem-se os mais sórdidos truques
A marginalidade especializa-se em sobreviver.

Inocentes aguardam julgamentos ao lado de psicopatas
E observam os peritos que aprenderam o crime desde cedo
Sem os pais, pelas ladeiras onde as batidas policiais
eram comuns.
Culpados e destinados a morrer na escuridão
daqueles porões
Ocupam mais espaço que os calabouços suportam
E aguardam as mortes para aliviar a lotação.

Quanto mais morrem prisioneiros
Mais prisões são elevadas.
Enquanto mais gente é trancafiada
Mais criminosos aparecem.
O Estado abriga corruptos
Os corruptos destroem a educação
Empresários subornam por mais lucros
Trabalhadores não conseguem pagar as contas
Os indivíduos não se entendem como coletivo
E atacam-se pelo egoísmo de sobreviver.

As prisões alimentam o ciclo da injustiça social.
Apenas a morte pela faca ou pelo vírus liberta o prisioneiro.
Infernos de memórias de dor e ódio,
Banhos de sol não afagam almas inquietas
Os fumantes ainda se sentem melancólicos
À espera da visita de alguém da família
Que traga um pouco de vida do mundo exterior.

Fuzis e luzes fortes apontam para as cabeças dos condenados
As televisões noticiam mais um escândalo de corrupção
Os celulares brilham para manter os negócios vivos
E outros tentam dormir para esquecer de onde estão
Para sonhar com os mundos para onde não vão
Cientes das decisões que tomaram para sua vida.
Milhares aguardam seus julgamentos
Outros já estão conformados com o veredicto.
Permanente, a construção prisional
Continuará depositando os indesejáveis
À margem da humanidade.

Ninho

Um passarinho faz o ninho.
Tramas de finos galhos nas alturas.
Voa e alimenta suas crias com o bico.
Aquece e defende a ninhada.

O mais frágil lugar torna-se o mais seguro para uma família.
Depois os pequenos voam e vão criar outros ninhos.

A natureza é um claro enigma.
Queria entender os passarinhos como só os grandes
poetas entendem.

Humanidade

A humanidade é uma força vital de seres que sentem.
A humanidade nem sempre é racional.
A humanidade é um instinto de sobrevivência.

Os corpos humanos podem ser descartáveis.
As mentes humanas podem ser obsoletas.
A liberdade determina os caminhos do humano.

Pais e mães amam-se e educam os filhos.
Operários e operárias trabalham até a morte.
Homens e mulheres são socialmente desiguais.
A humanidade criou a injustiça.

Homens matam, roubam e traem.
O ser humano não é bom.
Para ser ético é preciso ensinar a ser gente.
Gente aprende com experiências e exemplos.
Boas memórias criam melhores histórias.

O animal que trabalha nem sempre é humano.
O animal que segue um deus nem sempre é humano.
Para ser humano é preciso entender-se como animal.
O homem deve comungar com a natureza e entender sua insignificância.

A humanidade destrói a si mesma.
O desumano advém do egoísmo.
A história terminará com a morte do último humano.
A natureza continuará existindo sem a humanidade.

A humanidade precisa aceitar sua própria morte.

Para olhares

Eleve olhares para meus povos
Cujos grilhões, ais e mortes
Foram escondidos pelas tintas de Rugendas.

Eleve olhares para Castro Alves,
Malês, mandingas e Zulus
Reinos de ouro, terra e mar.

Abra olhares para o Dragão do Mar,
Navegando contra a venda de corpos,
Contra violências correntes
E folhas falsas de alforrias.

Abra olhares para a justiça,
Enfrentada por Luís Gama
Para defender o preto da lei
Que já nasceu para o destruir.

O Mercado da Rua do Valongo
É um cemitério em escombros
De almas de milhares de reis e súbitos africanos
Amarrados e exibidos como coisas
Desprezados e descartados como nada.

Volte seus olhos para a favela
Da realidade de mulheres negras
Carolina de Jesus, Conceição Evaristo
Que nos fazem pensar
Escrivivências sofre a fome, o medo,
A bala e a morte.

Volte seus olhos para jovens pretos
Os que mais morrem,
guerra continua, suja, genocida,
Ignorada, banalizada,
Desejada pelos falsos defensores do bem.

Matar não deveria ser mais fácil.
No entanto, o sangue dos jovens negros
Desaparece facilmente com sabão, água
E esquecimento social e midiático.
Carandiru ainda nos assombra.
Quem sofre sabe onde o sangue está impregnado
E quem tem as mãos cheias do vermelhidão deixado
pela bala,
pelo soco ou pelo caco de vidro que atravessou a jugular.

Balas não se perdem.
A mira está dentro de um grande alvo.
Cada cabeça negra neste país tem uma tarja
Olhem para quem está na mira e vejam quem atira.

A liberdade não foi dada, ainda é uma conquista
Pois o Estado não se importou com a maioria de seu povo.
O Estado ainda não se importa com a maioria de seu povo.

É preciso gritar, apontar, denunciar
Essa gente estúpida, vil e hipócrita
Que esquece da riqueza dos meus povos,
Ignora o suor e o sangue derramado em séculos,
Para benefícios de senhores de casa grande que hoje
usam iPhone

Olhem para os quilombos,
Olhem para as juízas, médicas, donas de casa e
agricultoras negras.
Olhem para professores, policiais, artistas, crianças, jovens,
mulheres, héteros e homossexuais negros.
Olhem para si e entendam seus privilégios
Olhem para si e se entendam como parte de uma luta
interminável.

Olhe para o mundo horrível em que vivemos
Olhe de novo, e mais uma vez,
 e olhe o que faz, e refaça
e seja antirracista até o último suspiro.

Viver é resistir por justiça.

Cansaço

Estou cansado e sinto o peso da vida nas costas.
Desejaria o poder de Atlas e aguentar o peso do mundo.
Gostaria de ter a persistência e a força de Sísifo para empurrar a rocha.
Imaginaria conseguir resolver os problemas com a força de Hércules.
Porém, sou mortal e meu corpo está exaurido pelo esforço de viver.

O trabalho cansa, pois consome mais tempo do que deveria.
A convivência cansa, pois não é fácil relevar os erros alheios.
A política cansa, pois não há união por justiça social.
A vida cansa, porque demanda criar perspectivas positivas.
Minha mortalidade faz-me recusar o sofrimento constante.

Estou cansado e sinto o peso da vida na mente.
Desejaria transcender a materialidade e alcançar o Nirvana.
Amaria esvaziar memórias tristes sob o efeito de hipnose.
Gostaria de organizar minha espiral de ideias como um computador.
Porém, sou mortal e minha mente está confusa pelo esforço de sobreviver.

Os traumas não se esvaem com o tempo.
Os planos não correspondem à realidade.
As dúvidas sobre a existência nunca serão esclarecidas.
Quanto mais vivo, mais aprendo e menos sei — já dizia Sócrates.
Minha mortalidade faz-me recusar a angústia constante.

Estou cansado e sinto o peso da vida na alma.
Desejaria flutuar fora do corpo para me entender.
Amaria voar em forma espiritual pelos espaços divinos.
Entenderia o amor de Psiquê por Eros desafiando a confiança.
Porém, sou mortal e minha alma está dilacerada pelo esforço de existir.

Perco ar com o cansaço físico
Mental
Intelectual
  Emocional
Exaustão criada como um muro,
tijolo por tijolo
dia a dia
  problema a problema
Não há forças para caminhar
                respirar
                      repensar
                            reagir
Tudo se desorganiza e perde conexão.

Recarregar energias e livrar-se do cansaço depende de mim.
Ainda não encontrei a fonte dessa energia
Sexo
Comida
Festas
Cinema
Esporte
Amizades
Leituras
Viagens
Meditação
Fé.

O homem cansado não se ilude.
Os passos lentos e as quedas educam.
Vencer os males da doença que nos consome
Implica em entender quem pisa em nossas cabeças
Quem monta em nossas costas, puxa nossos pés e envenena nossas almas.

Precisamos mais da perspicácia do que da força de Hércules
Compreender que temos pontos frágeis como Aquiles
Trabalhar cientes de nossa vulnerabilidade
Descansar para criar nosso tempo
Entender que trabalho não pode ser fardo
E a vida deve ser leve para corpo, mente e alma dos mortais.
Deixemos o peso do caos ser carregado por deuses e heróis.

Invisíveis

Manuel Bandeira imortalizou a desumanidade
Do bicho comendo entre os detritos
À espera de encontrar uma migalha
E engolir com voracidade.

Os homens e mulheres de rua são invisíveis.
Não existem para o Estado corrupto e inepto
Não existem para os cidadãos "analfabetos políticos"
Preocupados com suas rotinas com boletos para pagar.

Os invisíveis dormem, urinam e defecam no chão
Dependem dos restos das marmitas de outros trabalhadores
Imploram por centavos dos transeuntes da selva de pedra
E recebem migalhas para saírem da mira de quem não
se preocupa.

Famílias dormem em buracos nas paredes grossas
dos viadutos
São refugiados em sua própria terra e sonham com um lar
A rua nunca é escolha, é depósito dos invisibilizados
Depósito de loucos, drogados, promíscuos e vagabundos.

Invisibilizar o humano significa matá-lo
E cada indivíduo que vê um compatriota jogado às traças
Possui responsabilidade política pela desigualdade persistente
Ninguém mora na rua, as pessoas sobrevivem nas sarjetas
E morrem aos poucos com corpos esquálidos
Sujos, tristes e secos como galhos mortos.

A sociedade como corpo coletivo precisa ver os excluídos.
Para ver os excluídos é preciso entender que há injustiça
As pessoas não merecem sofrer e as ruas não são o destino
dos fracassados.
Não há gente com fome porque não trabalharam o suficiente
Não tentaram o bastante ou se esforçaram pouco.
O esforço não cria ricos, pois o capitalismo reproduz a
desigualdade.
Existe quem trabalha e quem se aproveita do trabalho alheio.

Um senhor idoso fétido levanta a mão e pede dinheiro
Um homem rude condena a embriaguez como a
fraqueza humana.
Os invisíveis das ruas estão doentes e precisam de saúde
Antes do cacetete, que venham os médicos.
Antes dos ladrões, que venham os professores
Antes do caos das ruas, que venham as políticas públicas.

Jovens analfabetos vendem balas no trânsito
Depois se banham no chafariz da praça
Comem um pão com café e leite da padaria
Dormem amontoados na praça central
Discutindo sonhos felizes e memórias tristes.
Amanhece e tudo recomeça
A multidão caminha apressada
E os corpos debaixo dos cobertores continuam invisíveis.

O invisível não é inevitável,
Escolhemos não ver até que o ignorado nos afete.
O sangue do menino assassinado na madrugada é visível.
O jovem armado que roubou o celular é noticiado.
A prostituta estuprada no centro é alvo dos comentários.
Depois que o incômodo que causam desaparece
Tornam-se novamente invisíveis e mortos em vida.

Trabalhador

Começou a plantar aos sete.
Semeou, colheu, ensacou café.
Carpiu desde criança.
Casou-se aos vinte com moça formosa.
Os dois plantaram, colheram e ensacaram café.
Ergueu a casa de pau a pique.
Criou galinha e uma vaca.
Cuidou da terra dos outros.
Semeou na terra de gente rica.
Trabalhou para os estranhos.
Teve uma filha aos vinte e dois.
Cantou canções de ninar.
Sonhou com o futuro da menina.
A criança foi para a escola.
Chorou quando ela aprendeu a ler.
Trabalhou mais.
Fez roça de milho e mandioca.
Mudou-se com a família para outra cidade.
O dono da terra não o queria mais.
Foi ferreiro e carpinteiro.
Trabalhou muito mais.
Alugou casa.
Viu a filha se formar.
Orgulhou-se da filha professora.
Ele nunca pôde estudar.
Trabalhou mais ainda.
Juntou dinheiro.
Comprou um terreno aos quarenta.
Teve muito contentamento.
Plantou, colheu e vendeu mandioca e milho.
Ficou viúvo aos quarenta e cinco.
Chorou, sofreu, continuou a plantar.
Trabalhou muito mais do que já trabalhara.
Acompanhou a filha até o altar aos cinquenta.

Alegrou-se com o netinho aos cinquenta e cinco.
Plantou, colheu e vendeu abóbora e laranja.
Ficou com o rosto manchado pelo sol.
Olhou as mãos com calos da enxada.
Sentiu as rugas como cicatrizes da vida.
Ficou doente aos sessenta e cinco anos.
Plantou e colheu até cair.
Sentiu seu corpo cansado.
Foi morar com a filha.
Não conseguiu aposentadoria.
Despediu-se da filha e do neto com esperança.
Deixou para eles sua casa, seu terreno e a plantação.
Descansou depois do longo trabalho da vida.

Pais e filhos

Algum homem descobre que será pai
Assume a responsabilidade por uma nova humanidade
Sente-se parte do mecanismo do tempo
E alegra-se com a expectativa de ter nos braços
Um pedaço de si e da mulher amada
Cujas sementes e a cumplicidade
Em momentos de carícias e de prazer
Geram o fruto do amor e da família.

As mães são ventres do mundo
Envolvem, alimentam e protegem a vida
Perpetuam emoções, histórias e memórias genéticas
Dão seu ar e seu sangue para os filhos da terra
Que são ninados ainda no calor do corpo
Por canções de afeto de avós e bisavós
Também mães de um cordão hereditário
Umbilical pelas relações da vida
E temporal perante as mudanças do mundo.

Filhos são razões e paixões de pais e mães
Motivações do trabalho, da preocupação e da esperança
Linhas de aprendizado, laços de amor em família
Momentos leves para conversas sobre nada
Risos cativantes sobre brincadeiras sem sentido
Banhos, beijos, vacinas e banhos de mar.

Pais e filhos querem amar-se mutuamente
Com o mais puro sentimento que a humanidade
pode construir
Dores pela perda, pelos desencontros, pelos preconceitos
Criam distâncias que não se findam
Até que voltem a se compreender sob o afago das mãos.

Há pais e filhos que se conhecem ao longo da vida
E constroem laços de amor por adoção,
Escolhem construir famílias com afeto e respeito
Corrigindo desencontros em novos retratos de felicidade.
Pais e mães independem do corpo, do sangue e da sexualidade.

Doação, entrega, partilha, união e divisão
Tramas e tecidos diversos, fios de vida em nós
Pais e mães são aqueles que amam seus filhos
Gestados em úteros ou escolhidos com profundo amor
Nos caminhos tortuosos da vida.

Lembrança de Brecht

As pessoas não puderam se abraçar.
Ele não se importou.
A mãe chorou e gritou frente ao caixão lacrado.
Mas ele não ouviu.
Beijos não dados e medo contido.
Ele também não sentiu.
Faltava ar, o inimigo era invisível.
Ele não acreditou.
As panelas não serviam mais para cozinhar.
Então ele desdenhou.
Ele não quis entender.
Ele não quis ajudar.
A morte leva.
A memória eterniza.
Nenhuma delas perdoa.
Ele não poderá escapar.

Dezembro de 2020.

O mundo em fim

Quando o mundo acabar
Ao som das trombetas dos anjos
Para anunciar o Juízo Final
Muitos tomarão suas bíblias empoeiradas
Rezarão prostrados no chão
Rogando pela redenção dos pecados
Alucinados e suplicantes pela salvação.

Quando a Terra achar seu fim
Nas rotações do tempo natural
O Sol terá nascido no lado oposto
E a besta fera marcará cada destino nas testas
Pessoas nuas não terão pudor nas ruas
E muitos desejarão morrer de prazer
Sem preocupações com o que queiram julgar.

Quando a estrela solar não tiver mais brilho
E a escuridão engolir todos os planetas
Ricos brindarão com champagne à luz de velas
Enebriados pela vida que puderam pagar
Emocionados pelo privilégio de morrerem juntos
E acompanharem o fim do grande teatro do homem.

Os mares engolirão os arranha-céus
Como efeitos de cinema
As pessoas continuarão a se matar
Pelo abrigo, pela terra e pelo pão
Mesmo sabendo que não haverá amanhã.
As pragas do Egito retornarão
Como no ciclo do calendário Maia
E tudo terminará para enfim recomeçar.

O fim do mundo é libertador
Para o santo que se livrou dos pecados
E para o libertino que nunca os conheceu.
O mundo acaba aos poucos
Esvai-se nas partículas do tempo
Desgastado pela ganância humana
E corroído por vermes e doenças.
Muitos deuses que controlam o sol e a noite
Reunir-se-ão para o grande espetáculo
No qual a humanidade protagonizará
A dor da destruição de sua própria morada.

Rua

A noite da rua carrega mistérios
A escuridão acalenta os indigentes
Um policial faz vigília com rosto sério
Para esconder o medo que tem em mente.

As escuras vielas escondem ladrões.
Que roubam a carteira do desavisado.
Bêbados cantarolam suas desilusões
E acordam os cães abandonados.

Corpos seminus na calçada oferecem prazer
A estranhos em carros com vidros escuros
A noite liberta o que o dia faz esquecer
Os casais beijam-se sob a escuridão dos muros.

O silêncio e a melancolia se recolhem.
A multidão acorda e começa a chegar
Apressados para sobreviver como podem
Os transeuntes aguardam a noite recomeçar.

As prostitutas descansam após a jornada
Os bêbados voltam para o bar
Mendigos retomam a caminhada
À procura da viva alma disposta a ajudar.

Professores

Diferentes trajetórias,
Formações, dores, alegrias e objetivos.
Na escola são todos professores.
O biólogo é professor.
O químico é professor.
O geógrafo é professor.
Opiniões e crenças em oposição,
Injustiças e angústias em comum.
Carteiras ou contratos assinados para ensinar.
O historiador é professor.
O bacharel é professor.
O artista é professor.
Professor não modela, planeja.
Professor não vê peças, vê vidas.
Vidas são complexas, vão além das caixas universitárias.
Todas as ciências e linguagens vivem na escola.
Mas escola sustenta-se de Educação:
Ciência, processo e missão maior.

Brincar

Mãos unidas unem forças para girar
Depois correm e rolam pelo chão
Como se estivessem no mar
E fugissem de um tubarão.

Imaginam-se como peixes em um rio
Fugindo de um pescador escondido no quintal
Dividem balanços e protegem as bonecas do frio
Preparam viagens com um barquinho de jornal.

Rodopios de bailarinas e bolas nas pontas dos pés
As crianças comemoram a imaginação
Princesas são salvas por Pelés
Príncipe antigo que viram na televisão.

Tem pausa para conversa e sorvete
Banho de chuva com mangueira
Da caixa de papelão fizeram um foguete
E os astronautas voltaram à brincadeira.

Brincar é o faz de conta ideal
Que traz esperança ao coração
Estimula o sentimento fraternal
E a esperança para a nova geração.

A gata

Eu acordo irritado e ela vem me abraçar.
Eu choro sem motivo e ela vem me beijar.
Se eu corro, ela acompanha meu ritmo.
Se estou lento, ela me espera.
Quando como, ela me observa.
Quando me sento, ela me permite dar carinho.

Ela desapareceu por dois dias.
Eu senti muita falta de seus olhos azuis me fitando.
A casa ficou sem vida.
Eu sei que gatos são independentes, mas eu não aprendi ser livre.
Eles escolhem seus companheiros humanos.
Sou grato por pertencer ao mundo dela.

Quando reapareceu, a gata manhosa tomou água e dormiu.
Não deu satisfação de sua vida.
Olhei para seu pelinho branco e as patinhas pequenas.
Estava linda, forte e radiante como sempre.
Quisera eu ter a energia dos gatos.
O instinto de todo gato é a liberdade.

Arrependimento

Eu deveria ter abraçado meu pai
E ter pedido perdão
Nunca saberei se ele sentia
Que eu o amava também.
Eu poderia ter conversado mais
Durante os churrascos de família
Vibraria mais em cada jogo do Flamengo
Nas tardes quentes de domingo.

A soberba abafou minhas declarações de carinho.
O ódio apagou a memória das brincadeiras de criança.
A vergonha afastou-me de quem trabalhou para
meu sustento.
O medo impediu-me de voltar para casa quando ele precisou.
A saudade levou-me ao hospital para visitá-lo.
A tristeza tomou conta de mim quando o vi definhar.

Nunca aceitarei a impotência de um filho para salvar seu pai
do câncer.
Meu pai morreu olhando para o teto, vazio e imóvel.

Eu deveria ter dito sim para cada pedido
E obedecido cada conselho.
Eu queria voltar, desfazer e refazer cada passo
Para que ele não precisasse me ver bêbado
Dormindo nas sarjetas da cidade.
Quantas vezes encontrou-me e levou-me para o lar.
Banho quente, um prato de macarrão e um café.

Arrependo de ter projetado toda minha amargura sobre ele.
Eu o culpei pela morte de minha mãe.
Eu sempre soube que o acidente de carro não era culpa dele.
Uma parte dele foi enterrada com minha mãe.
Outra parte sofreu com o filho ingrato.
Eu sempre pensei que meu sofrimento era maior.
Eu não entendi o sofrimento de meu pai.
Eu me arrependo tarde demais.

Esse arrependimento não me faz melhor.
É um remorso por um passado impregnado no presente.
As imagens de minha família são sempre melhores
com meu pai.
Esse arrependimento me faz julgar a mim mesmo
Culpado de não saber ser filho
Egoísta por não saber deixar ser amado
E frustrado por não amar meu pai como ele merecia.

Falsidade

A falsidade é mãe da vida social.
Escondemos nossas opiniões para aturar.
Permitimos que os outros nos suportem.

Sempre caí em desgraça quando resolvi desabafar.
Falar verdades cara a cara é tomado como ofensa.
Falar verdades de uma pessoa para outra é julgado
como fofoca.

Falam mentiras sobre mim como se fossem verdades.
Julgam as verdades que digo como se fossem mentiras.

Cada indivíduo está preocupado com o próprio umbigo.
Abre ou fecha a boca conforme seus interesses.

Os ouvidos são órgãos volúveis.
Há quem diga que nunca ouviu.
Outros preferem dizer o que pensou ter ouvido.
E os hipócritas ouvem e regurgitam outros sentidos.

Velhice

Quando se é jovem
Tudo é possível
O mundo é pequeno
Para o que se quer conquistar.
As regras são percalços
Os sonhos são estepes
Os riscos são necessários
E a vida é infinita.

Quando se envelhece,
Importa o que se conseguiu fazer,
O mundo é grande
E uma vida não basta para explorá-lo.
As regras não valem para todos
Os sonhos mudaram no caminho
Os riscos deixaram cicatrizes
E a vida está próxima do fim.

Às favas todos que acreditam na juventude eterna!
O corpo cansa.
A mente esquece.
A vida sufoca.
As felicidades são efêmeras.

Os planos do jovem nem sempre são os caminhos trilhados.
A vida dos velhos nem sempre tem os resultados esperados.
Nem tudo depende de si
Há tempestades que levam as pessoas para longe
Há ventos que trazem as dores para perto.

Aproveitai os beijos, as amizades, as esperanças.
Aprenda, trabalhe o necessário, eduque seus filhos.
Pense sobre a vida, leia muito e vá ao cinema.

A vida é curta em todas as idades.
E a eternidade é uma dádiva
Que só os deuses podem dar.

As memórias que os olhos criam sobre nós
São reflexos daquilo que podemos compartilhar.
As fotos permanecem, as lembranças mudam
E seremos para sempre uma imagem desfocada
Nas mentes daqueles que nos amam com verdade.

Seca

Os pescadores voltaram com as jangadas vazias.
O navio não seguiu viagem pois o nível do rio está baixo.
Os moradores carregam latas com água nas
principais cidades.

As torneiras estão fechadas.
Os reservatórios estão vazios.
Os rios estão mortos.
A humanidade está seca.
A natureza secou.

As piscinas dos clubes estão desertas.
Não se ouvem mais vozes cantando sob o chuveiro,
Capivaras, jacarés, garças e peixes de todas as espécies
estão mortos.
Carcaças de animais secos circundam fazendas e lagos.
Plantas secas em solo árido aumentam a fome da população.

As fontes estão esgotadas.
A água vale muito dinheiro.
Não há água, logo de nada servem moedas secas.
Os olhos estão secos depois de tanto pranto.
Os corpos estarão secos e esqueléticos.

A vida seca, o homem seca, o mundo seco.
O homem seca a vida, o mundo seca o homem.
A humanidade não dá valor ao seu bem mais precioso.
A água é finita.
O fim é seco.

Atração

A sunga molhada marcava as grandes coxas.
Os músculos dos braços e a barriga eram perfeitos.
Como se uma escultura de Michelangelo tomasse vida,
Iluminado e desejado como um herói grego.

Olhos negros, secretos e envolventes
Miravam-me como se quisessem dizer
Venha até mim e abrace meu corpo
Que a seguro com força e beijo com prazer.

O sol quente me fazia delirar de tesão
Eu me levantei e caminhei até ele
Estendi a mão e toquei seu peitoral
Enquanto suas mãos puxaram-me pela cintura.

Agarrados como um casal naquela praia
Os dois desconhecidos suavam de prazer
Gotas da água do mar e do suor esfriavam as peles quentes
Que por fim uniram-se num beijo ardente e demorado.

Os corpos vibravam e ela explorava as costas,
Sentia os ombros largos, as coxas e as nádegas na
sunga apertada.
Ambos sorriram e se olharam sem pudor
Preparados para aproveitar aquele momento intenso.

Suada, delirando de prazer e de imaginação
Acordou em sua cama ao lado do marido dos seus sonhos
O ardor perdera-se com o tempo e os corpos já não eram
os mesmos.
A atração mantinha-se agora pela cumplicidade de uma
história de vida.

Ela o acordou e ele a viu toda nua pela luz do abajur
Ambos foram para o chuveiro e os corpos molhados
se uniram
A primeira vez era revivida pelos toques e olhares risonhos
Dois amantes livres para um prazer sem convenções.

Floresta

O céu alaranjado não mostra mais o pôr do sol.
As cores das labaredas consomem a floresta e o firmamento.
A revoada de pássaros não faz parte das migrações.
Os voos agora são fugas pela sobrevivência.
As copas das árvores balançavam com o vento,
Hoje todo o tronco é derrubado e com ele outras vidas
são ceifadas.
Morrem raízes centenárias, corpos naturais que
alimentavam a vida.

Os rios chegam às aldeias e não há mais pesca.
A corrida por minérios lançou mercúrio na maior
riqueza do rio.
O coração da mata é como a vitória-régia flutuando
sobre as águas.
As águas morrem e toda a vida da floresta também
se esgota.
As onças e os indígenas são alvos de balas
E o vermelho sangue cobre tudo e todos.
Do incêndio, apenas um jabuti centenário sobrevive
E guardará no casco as memórias da devastação.

O dourado do mico-leão e o azul da arara agora são cinza.
Corpos de onças queimadas revelam que os senhores da
mata estão feridos.
Há cada vez menos verde, sempre há mais máquinas
atoladas no barro.
A floresta é muito grande, o inimigo é muito forte, a
destruição é rápida.
Os povos tradicionais usam sua ancestralidade para
combater o invasor
E denunciam pelas mídias a violação das leis.

Todos sabem que a floresta morre rápido
Não entendemos a floresta como nossa terra
Ainda estamos querendo semear
Quando a terra está úmida de sangue.

Imploro um beijo antes que me mate

Você fez-me o homem mais feliz
Nas noites de sexo e nos dias de chuva
Nos passeios e jantares com vinho
Entre piadas e conversas bobas.

Seus olhos me deixam inebriado
Sinto tudo em mim ferver
Quero seu corpo, seu toque, seu afeto
Eu não me vejo existir sem você.

Por isso, beije-me antes da morte
Como gesto de clemência a quem te ama
Deixe-me sentir o gosto doce de seus lábios
O hálito amargo de seu mal.

Eu nunca fui tão feliz em toda a minha vida
Quanto nesses meses em que moramos juntos
Minha velhice foi melhor ao seu lado
E cada moeda valeu por toda migalha de sua atenção.

Suplico pelo beijo antes que me mate
Quando o veneno tomar todo o meu corpo
Minha consciência ficará em paz
E teu beijo será meu último e eterno presente.

Declaração
de amor

Eu te amo tanto, mas poderia amar ainda mais
Só não há mais amor em mim pois meu corpo é pequeno
A imensidão do amor não cabe nas veias, no coração ou
nas ideias
Nem a imaginação é suficiente para expressar o que
sinto por ti.

Amor é um sentimento divino que extrapola nossos corpos
Eu preciso estar contigo, sentir teu corpo e explorar tua alma
Em busca das sensações da extrema felicidade
Dar-te prazer à flor da pele e trazer paz aos nossos corações.

A grandeza do amor é inexplicável e atraente
Intriga os amargurados e embriaga os sonhadores
A natureza alimenta meu amor por ti
E posso sentir seu beijo no sol e ao vento...

Estrelas explodem para nossa admiração
Os sonhos fazem conexão com a beleza do mundo
Pássaros, chuvas, pessoas rindo e cães brincando
Completam cenários do nosso amor infinito.

Até o mais cruel indivíduo é capaz de amar
Pois não se pode evitar algo natural e divino
Não há razões para te amar, apenas te amo
Ato simples e orgânico como respirar e morrer.

Quando vejo Portinari

A lágrima secou e virou pedra
Rolou pelos rostos queimados
Peles áridas e mãos suplicantes
Trazem corpos de anjos da seca.
Outros anjos brincam com suas pipas
Correndo contra a poeira
De solos vermelhos como sangue.
A infância mostra a pureza
E a crueldade da fome.

O azul das águas aparece nas telas
Onde as brincadeiras trazem vida
Para crianças tristes e descalças
Algumas sem rosto e realistas
Outras felizes e sonhadoras.
Entre a Guerra e a Paz do artista
Há a esperança das crianças em coro
Que emanam vozes celestiais
Os cavaleiros do apocalipse julgam as almas
De seres mortos já prostrados
Olhando para o céu como nunca viram.

Cavalinhos de estimação e meninos em piruetas
Ganham vida em mosaicos assimétricos e dinâmicos.
Linhas fortes entrecruzadas também mostram a dor
Interligam as mazelas do mundo em sua história.
A cabeça de Tiradentes está numa caixa
O corpo é exibido para o público de ontem e de hoje
Recria-se o espetáculo da morte
E alimenta a indignação do observador.

O artista morreu por sua arte.
As tintas e cores de sua vida são eternas.
Sente-se as dores e as alegrias de suas cenas.
 Portinari ressignifica imagens comuns.
Sua alma captura a essência do mundo.

Amor sincero

Tenham amor sincero pelo que realmente sou
Imperfeito nas ações e esperançoso nos desejos.
Não tentem amar-me por expectativas do que eu deveria ser
Pois amor sincero parte do âmago de almas reais.

Precisam ter certeza de que aqueles que mais amam
Também se sentem amados na mesma intensidade.
O amor implica em doar e compartilhar
Mas há pessoas que não sabem dividir, logo, não podem amar.

O amor é singelo, imensidão e desprendimento
Aceitação do outro, calmaria depois da tempestade.
Abraços, beijos e presentes não bastam a quem ama.
Os amantes precisam chorar por saber que os amados existem.

Não se ensina a amar, o amor é natural e vivência
Laços entre pais e filhos, amigos e cidadãos
Intersecção de paixão carnal e conexão espiritual
Encaixes de corpos amados e amantes.

Não se sabe quando será o último beijo
Ou quando sentiremos o calor do último abraço.
Então amemos uns aos outros com intensidade
Como se cada dia fosse o último suspiro antes da eternidade.

Objetos

Objetos de memória trazem dores e alegrias.
O bule lembra as tardes de sol com café e bolinho de chuva.
A poltrona desgastada abraçava a criança enquanto chorava.
O relógio atraiu olhares receosos de atrasos para não perder o ônibus.
A colcha de retalhos foi presente da avó que enchia os netos de beijos.

Um objeto provoca lembranças e saudades.
A fotografia congela momentos da infância cuja história sempre é recontada.
O ferro de passar pertenceu à bisavó e hoje já não recebe brasas, está enfeitando a sala.
O pilão serviu para fazer fubá no sítio em que as crianças passavam as férias.
A velha mesa de madeira recebe toalhas para almoços com todas as gerações da família.

É possível reviver, sentir e recriar histórias.
A bicicleta azul serviu para entregar jornais e para passeios aos domingos,
A boneca de pano brincou nos parques com mães, pais e sobrinhos.
O livro foi devorado pela estudante que queria passar no vestibular.
O sapatinho de bebê foi a primeira compra dos pais de primeira viagem.

Damos vida aos objetos que parecem inertes.
São partes de nossas histórias.
O caderno é repleto de adesivos e poemas da adolescente.
O cartão postal traz saudades de um amigo.
Uma flor seca dentro da agenda lembra o primeiro amor.

Damos vida aos objetos que fazem parte de nossa história.
Nossa memória traz outros sentidos para as coisas.
No presente, os objetos retomam o passado.
O passado é transformado por sentimentos e recordações.
Os objetos são portas para mundos entrelaçados de experiências.

Fé

A fé é uma imensidão inexplicável
Incompreensível espaço que invade a alma
Conforta com a beleza de um infinito
Divino movimento de esperança e paz.

Para ter fé é preciso coragem e força
Abnegação, respeito, humilhação e amor
Doar tudo de si por acreditar em tudo que existe
Transcendência de espiritualidade.

Fiéis unem-se em círculos para orar
Mãos sobre mãos conduzem energias
Comunhão de desejos e pedidos de paz
Corações ansiosos por serenidade.

Palmas sincopadas de um coral cantam louvores.
Mãos ritmadas sobre o atabaque regem a roda.
O silêncio e a testa no chão fazem reverência
Sons e gestos de louvor mantêm culturas.

Há muitos deuses que movem a fé
A diversidade alimenta os corações
De quem acredita na fraternidade
Como força dinâmica da criação.

Redes virtuais

As janelas digitais projetam imagens brilhantes
Escancaram a vida íntima de cada usuário
Aproximam logins distantes no mundo virtual
E afastam a humanidade do mundo natural.

Textos fúteis lotam as telas pequenas
Deslizadas por dedos ansiosos por ilusão
Notícias e mentiras não se distinguem
Para seguidores sedentos por imagens.

Olhos estáticos acompanham vídeos acelerados
Orelhas sustentam fones em alta vibração
Mãos seguram aparelhos sujos pelas digitais
Corpos são sugados para uma dimensão atemporal.

Celebridades efêmeras influenciam jovens vidas
Todos querem ser clicados e curtidos por estranhos
Os personagens só têm valor pelos milhões que os seguem
Comem, vestem, dormem e encenam uma vida de espetáculo.

As janelas digitais escancaram corpos nus e contas bancárias
O dinheiro virtual compra almas, prazeres, falsos amigos e sonhos
A vida alheia é mais interessante que a própria vida
Existir tornou-se uma ilusão digital.

As palavras destilam veneno nos teclados
Cancelam-se pessoas como se descarta o lixo
Redes que deveriam interligar e unir seres virtuais
Aprisionam, sufocam e torturam vidas reais.

Escuridão

Nas penumbras da casa antiga
As sombras caminham devagar
Abrem barulhentas portas e janelas
Trazem a morte para visitar.

Sombras dentuças, altas e magras
Definham pelos vãos, frestas e cantos
Tomam corredores sob o balançar das chamas
De velas lúgubres e raios de luar.

Sons da noite acompanham os seres inatingíveis
Lobos uivam sob árvores mortas e solo úmido
Corujas voam como mensageiras da escuridão
Folhas secas entram pelas janelas e cobrem o chão.

Eu me levanto preparado, piso sobre as folhas
Sinto o vento sem me abalar
De repente, todas as velas se apagam
E as sombras caem sobre mim.

Ouço as dores do mundo dos mortos
Sinto os gritos dos condenados e arrependidos
Meu corpo arde enquanto mãos me seguram
Arranham e puxam meus pés para o abismo.

Um buraco aos pés da cama suga as sombras
Sou empurrado e puxado pelos demônios
Não tenho forças para resistir à morte
E sou engolido pela escuridão eterna.

Abuso

Ele roubou meu sexo
Para seu prazer imoral.

Tirou de mim o que eu poderia viver
Ao condenar-me a odiar meu corpo
Meu mundo infantil foi maculado
Um corpo de criança tornou-se objeto
Um vaso quebrado de flores murchas.

Imagens vagas e dolorosas
Manchas vermelhas e lágrimas de medo
Permanecem como um rio no qual me afogo
Fico sem ar, jogado pelas águas sobre as pedras
Revivendo toques sujos em uma alma limpa.

Curativos sobre traumas profundos
Fazem um adulto caminhar sangrando.

Ressignifiquei a sexualidade e o amor
Entendi meu corpo, afastei o medo
Lutei por justiça por descobrir ser vítima
Transformei o ódio em superação.

Olhem para as crianças como anjos
Respeitem o tempo de brincar e de crescer
Protejam os corpos pequenos dos males adultos
Encarcerem as almas podres e joguem a chave fora.

Que seja...

Desejo esperança a todos os enfermos
Alegria a todos os palhaços
Otimismo a todos os suicidas
Prazer a todos os castos
E remorso a todos os assassinos.

Não pode haver amor sem confiança
Toda confiança nasce do tempo
E o tempo não tem limites
Para todas as surpresas da vida.

Onde uma criança chorar
Que haja um abraço fraterno.

Nos lugares de dor e sofrimento
Que os ventos espalhem paz.

Quando os planos da vida falharem
Mentes unidas pensarão em outras rotas.

Quando tudo parecer triste e feio
Um arco-íris dará novo sentido ao mundo.

Enamorados

Ela chegou e me deu um beijinho
Depois saiu correndo pelo jardim
Era mais que um gesto de carinho
Despertava grande paixão em mim.

Num jogo de esconde e flerta
Surpreendi-a com uma rosa
Sentou-se, olhou e esperou esperta
Quais seriam os rumos de minha prosa.

Ajoelhei-me diante de sua beleza
Senti felicidade naquele momento
Beijei sua mão com delicadeza
E com coragem propus o casamento.

O coração na boca, os olhos fitados na moça
À espera de ser o amor correspondido.
Ela sorriu, aceitou e me abraçou com força
E o beijo quente pôs fim ao amor proibido.

Preocupação

Crio elucubrações intermináveis
Medo cíclico e torpor inativo
Estou preocupado com minha preocupação...

Minha preocupação é objeto social
Ando preocupado demais com as queimadas
Com o preço da gasolina e a inflação
Com o aumento da fome no Brasil
Com as mortes excessivas de jovens negros
E a ineficiência da justiça brasileira.

Minha preocupação é objeto clínico
Suo demais pensando nas palavras que falo
Minhas mãos tremem ao ver pessoas
Não me concentro e a aflição corrói meu corpo
Tento esconder-me para salvar minha vida
Fujo da realidade sempre que posso abstrair.

Preocupo-me em não ser mau
Quero ser justo e reconhecer meus erros
Ando preocupado com a democracia
Tenho preocupações com as consequências
As notícias são preocupantes.
O presente e o futuro preocupam
A vida preocupa.

Uma mensagem no celular é preocupante
O silêncio é preocupante
O amor é preocupante
Tudo que traz riscos e medo
Preocupação interminável.

O ferro de passar ficou desligado?
O gato já comeu o suficiente?
Minha mãe já melhorou da gripe?
As ruas foram asfaltadas?
O boleto já foi pago?
O carro já foi consertado?
A vilã da novela será punida no último capítulo?

Deitado na escuridão de meu quarto
Eu me preocupo se vou conseguir dormir
Se vou acordar bem cedo ou me atrasar
Se conseguirei fazer tudo que preciso no novo dia
E se as coisas ruins vão melhorar.

Eu me preocupo com a morte
Eu me preocupo com a vida
Tenho preocupação com os pesadelos
E com os remédios que tomo para não ter preocupação.

De tanto me preocupar, morrerei de preocupação
E a vida terá sido uma eterna ansiedade.

Felizes aqueles que falam, correm, brincam, sofrem e existem
Existir com liberdade para simplesmente aproveitar a vida
Agir com equilíbrio, mas sem engessar os corpos ou acelerar a mente
É preciso respirar, mergulhar, sentir que nenhuma consequência é pior
Do que as prisões nas quais somos encarcerados por nossa própria mente.

Corpo

Eu me vejo no espelho
Aceito e reconheço meu corpo
Como uma parte da minha identidade
Sou mais que a carne e os ossos
Pois há uma alma incandescente em mim
A maioria que me olha vê um CORPO GORDO
Mede minhas formas por padrões que não me cabem.

Desejam saber das minhas medidas mais íntimas
Questionam o peso de minha carne exposta
Supõem o sofrimento que está encarcerado em mim.

Quando como, observam a composição de meu prato
Quando falo, esperam que eu ria dos outros e de mim.
Quando ando, sentem náuseas ao ver minhas
nádegas e coxas
E avaliam se a roupa está adequada para esconder o
CORPO GORDO.

Sem perguntar, entender, dialogar, refletir...
As pessoas autoproclamam-se médicas e deuses da beleza
Invadem minha privacidade e ofendem...
— Você é fofinho como um bebê.
— É gordo, mas é bonito e inteligente.
— Já pensou em fazer uma cirurgia?
— Quanto tempo, parece que você emagreceu!

O médico diz que a saúde está boa e estabelece meu
peso ideal
Fiz dietas, tomei remédios, chorei, briguei, sofri...
Hoje não renego mais meu corpo e me sinto bem porque
me entendi.
Os julgamentos são inevitáveis.
Mas eu não vim ao mundo para ser apenas julgado.
Existo para transformar e ser feliz, de corpo e alma.
Deixem meu CORPO GORDO em paz!

O casal

Boca a boca, olhos nos olhos e corpos colados
As mãos do homem nas costas da dama
Os movimentos fortes e compassados
A intensa paixão constrói o drama.

O casal entrelaça as pernas com rapidez
Desenha-se espirais de energia e tensão sensual
Disputa-se o controle sobre o outro com altivez
Os atos desenrolam-se de forma passional.

O homem inclina a dama pronto para beijar
Ela rejeita e o golpeia com as pernas ligeiras
A velocidade dos corpos rijos a rodopiar
Tira o fôlego e ultrapassa todas as barreiras.

A perna da dama entre as pernas do cavalheiro
As mãos nas nucas, os rodopios e a conexão fiel
O casal flutua na dança e entrega-se por inteiro
Ao tango perfeito movido ao som de Gardel.

Ser

Ser parte de uma escolha
Contrair sentido para si
Criar seus pensamentos lógicos
Explicar o corpo e a transcendência
Refletir sobre o que falta
Para entender se existe o todo.

Quem é não foi determinado pela natureza.
Ser significa ser criador da própria identidade
Decifrar os códigos que criamos
Criar enigmas para o que entendemos.

Perder-se de si é mergulhar no vazio.
O vazio é o profundo nada.
Para morrer é preciso ser.
Existência de um corpo físico para sentir.
Essência de um corpo etéreo para se conectar.
Ser é conexão com o mundo natural e humano.

Ser emana do logus
Animal vertebrado e bípede.
Animal mamífero, onívoro, mortal.
Racional porque tem sinapses.
E a razão cria o inexplicável.

Ser implica em acreditar numa força externa.
Poder maior, onipresente e onisciente.
Criador e criatura.
O divino explica o terrenal.
Ser é um mistério infinito.

Não há razão para ser.
Existe-se.
Não há propósito de ser.
Cria-se.
Não há um modelo de ser.
Identifica-se.

Ser é conviver com incógnitas.
Explorar a vida para ser pleno.
Ser incomensurável, inaudível
Inigualável e incompatível.

Ser é o tudo e o nada
Balança de uma força inatingível.
Incompletude.
Imprevisibilidade.
Águas que nunca voltam.
Sonhos que nunca vêm.
Ser é etéreo, paradoxo do tempo
Finito em corpo
Infinito em alma
Constante transformação.

Gestação

O ventre gera uma vida complexa e frágil
Que se conecta com o corpo de origem
Duas vidas em comunhão
Relação umbilical
As dores são compartilhadas
Presos numa só vida pelo cordão
O útero recôndito aquece
Sons de um só coração
Mesmo quando os corpos se separam
Estarão para sempre unidos
Amor, vida, família, sonhos e emoções
Frutos da Maternidade.

O espetáculo

Senhoras e senhores, o show vai começar!
Os palhaços em triciclos ocupam o picadeiro
A plateia bate palmas e começa a gargalhar
Com o grande tombo do palhaço Cachaceiro.

Os companheiros levantam o bebum
E o levam para trás das cortinas
A arena fica sem palhaço algum
E as vaias da plateia pioram o clima.

Os trapezistas ocupam depressa o palco
E se amontoam, pés no ombro, mão a mão
Jogam os corpos em rodopios para o alto
Até que um deles cai no chão.

O espetáculo não pode parar!
O trapezista foi parar no hospital
Coube ao mágico de cartola
Iludir o público com seu truque genial.

Coelhos, pássaros e lenços pelo ar
Atraem crianças para o absurdo
Mas a cartola não parou de gerar
Pombos ansiosos para voar

Os pombos começaram a defecar
Sobre as cabeças de uma plateia aflita
Muitos começaram a vomitar
Em nada o circo facilita!

Havia mais circenses para entrar
Eis que entra o batalhão
Mulher barbada, cuspidor de fogo
E o famoso homem do canhão.

O homem pôs-se dentro do grande tubo
E foi lançado para além da lona
Ficou no teto somente o furo
Do pobre homem que acabou em coma.

A plateia vaiava e esperneava
Esvaziava o circo com irritação
Só um menino rindo continuava
Batendo palmas com emoção.

Os circenses uniram-se no palco
Fizeram o cumprimento final
A criança gritou bem alto
Este circo é sensacional!

Gigante

Se eu fosse um gigante
Andaria devagar
Pisaria longe das boas pessoas
Andaria pouco
Olharia os animais
Para não machucar
Para não matar
Para não destruir,
Teria cuidado com os mares
Para não inundar as cidades
Não falaria ou respiraria alto
Para que não criasse ventania
E levasse os pássaros para longe.

Se eu fosse gigante
Ficaria sentado nas areias do deserto
Aguentaria o sol e a solidão
Para o bem da terra.
Se eu fosse destruir o mundo
De qualquer forma estaria só.
Um gigante bonzinho
Poderia até ter amigos.
— Olha, ele não nos faz mal.
E poderia correr sobre mim
Como no mundo de Gulliver.

Seu eu fosse gigante
Não poderia chorar
Para evitar tempestades
Para sorrir precisaria amar
O que há de menor nas pessoas e no mundo.

Eternidade

Minha história não é só minha.
É formada de muitas outras vidas.
Perdi a cabeça numa guilhotina
Quando opus-me ao Terror.
A multidão ovacionava minha morte.
Tive o corpo dilacerado no pau de arara
Torturado nos porões da ditadura.
Meu corpo foi jogado ao mar.
Liderei um levante no navio negreiro
Fui preso, acorrentado, humilhado
Suicidei-me para não ser escravizado
Morri lutando pela terra Guarani.
E deixei aos meus filhos toda minha tradição.

Tenho a história dos vencidos
Que lutaram contra a opressão
Morreram em defesa da vida.
A morte não foi o fim.

Ainda que meu corpo seja queimado
E o vento carregue minhas cinzas
Eu serei eterno.

Ainda que retirem meu coração em sacrifício
Enquanto meu corpo ainda vivo sente as dores da morte
Eu serei eterno.

Ainda que meu corpo seja jogado ao mar profundo
E for devorado pelos tubarões sedentos de sangue
Eu serei eterno.

Ainda que apaguem meu nome de todos os lugares
E matem as pessoas que me conheceram
Eu serei eterno.

Ainda que minha alma vá para o vale das sombras
E seja condenada ao tormento
Ainda que os anjos conduzam-me às alturas
Para perto do nosso Criador
Minha alma será eterna.

A vida é finita.
Minha história é eterna.
O corpo vira pó e volta à terra.
A natureza é eterna.

Sinto a eternidade nas entranhas,
Envolve-se no movimento etéreo do espírito
E conduz a energia pelas veias da vida.
A eternidade transcende espaços e tempos,
E permite as almas chegarem aos céus
Voar e explorar os mares e os campos
Admirar-se com vastidão do mundo
Levadas pelo vento e pelas ondas do mar
Integradas à natureza como uma só força.

Petróleo

A terra é perfurada e sangra
Jorra o líquido preto e fóssil
Precioso para aqueles que o devoram
Como se a natureza fosse sua propriedade.
Barris cheios vão suprir os tranques
De máquinas locomotivas velozes
Bêbadas de álcool e destilado petrolífero
Engarrafadas em avenidas lentas e mortais
A energia transforma-se em fumaça tóxica
Que mata lenta e cotidianamente.

O petróleo não é nosso.
O petróleo já foi nosso, o petróleo é de poucos.
Povos foram mortos por morarem sobre fontes do ouro negro.
Pessoas morreram de fome pois o petróleo controla
os preços.
Plastificamos a natureza para transformá-la em lixo.
Uma elite egotista e encheu os bolsos de metais.
As águas são manchadas pelo óleo impregnante.
Peixes e aves querem água para se limpar em pleno mar.
Dizem que o sangue fóssil vai acabar e com ele nossa energia.
Há energia no sol, no vento, na eletricidade, no corpo.
Porém nenhuma outra energia enche barris e bolsos
de magnatas.

Morreremos engasgados de fumaça,
Envenenados por óleo e gás
Criando buracos no corpo da terra
Para fazê-la sangrar até se esgotar.

Amizade

A amizade é formada por fortes e recíprocos laços
Confiar e ser fiel, ajudar e ter apoio incondicional.
Amigos compartilham verdades, emoções e cansaços
E encontram segurança num sincero abraço fraternal.

Quem sente a dor do amigo e se dispõe a ajudar
Entende-se como parte do sofrimento alheio
Amizade real exige conviver e compartilhar
Ser confidente sem qualquer receio.

Amigos divergem e depois ligam para conversar
Planejam vidas em família e viagens sem direção
São irmãos que escolhemos para juntos andar
Ouvindo a letra de uma mesma canção.

Reciprocidade

Abraço com força porque desejo o bem.
Sinto desamparo quando mais preciso de um amigo.
Doo minhas roupas quando o inverno vem
E esqueço o frio por não me importar comigo.
Cozinho a melhor torta para o jantar.
E espero os restos para matar minha fome.
Ouço atento alguém desabafar
E sou calado ao pronunciar meu nome.
Ensino, empresto, levanto e afago
Não existo para quem dei existência.
Não incomodo e sofro calado
O sentimento de eterna ausência.

Pesadelo

Não posso ficar em silêncio pois minha mente me mata.
Lembro dos horrores do passado e das agruras do presente
Vislumbro uma arma em minha cabeça e o sangue a jorrar
Desejo o término de uma vida de aflição e incompletude.
Vozes que não são minhas ecoam em minha cabeça
Sou impotente para calá-las, por isso quero abafar os sons
Com músicas e vídeos aleatórios que não me fazem pensar.

Sob o torpor criado por Morfeu
Fecho os olhos e sou devorado por pesadelos.
Meus monstros sufocam, gritam, arranham.
Criaturas que sugam minha energia e subvertem
meus sentidos.
Lançam-me das alturas e sinto a angústia de cair num
poço sem fim.
Acordo sobressaltado, febril e desorientado.
Na escuridão do quarto, os monstros ainda me espreitam.
Sou vítima e criador de meu próprio sofrimento.
Os monstros habitam meu mundo vazio e lúgubre.

Brasil

Não há paz no Brasil.
De quem são as balas que mataram a criança que voltava da escola?
Qual é a velocidade do carro conversível que matou o senhor na calçada?
Como o preconceito gera tanto ódio naqueles que mataram o casal homossexual que se beijou em público?

Não há justiça no Brasil.
Por que há cidadãos sob as pontes com tanta terra desocupada?
Quando a lei vale para um pobre e nada vale para um empresário que ganha prisão domiciliar?
Quanto uma *socialite* está disposta a pagar numa bolsa cujo valor serviria para alimentar várias famílias pobres durante o dia?

Não há fraternidade no Brasil.
Quem denuncia quando presencia uma mulher sendo vítima de agressão?
Por que há tantas grades, câmeras e cercas elétricas?
Por que não se respeita uma senhora de setenta anos que não aguenta ficar em pé numa fila?

Não há alegria no Brasil.
Os risos dos ricos e das festas servem para a fotografia.
Os pobres morrem de fome.
Nossa cordialidade, um samba e um bom churrasco são escapes de uma vida diária de exploração.

Não há pessimismo no Brasil.
Toda a desigualdade é minimizada com a ideia de que o trabalho enriquece.
Todo racismo é invisível diante do discurso da democracia racial.
Toda homofobia é vitimismo num país que comprou o discurso de ser tolerante.
Não devemos tolerar, devemos respeitar.

Não há respeito no Brasil.
Os brasileiros já não acreditam em seu país.
O salário fica no banco para pagar dívidas.
O futebol não é o mesmo, pois os melhores jogadores trabalham na Europa.
A violência e a corrupção impõem medo e desesperança.

Há uma saída para o Brasil.
Educação política, crítica, edificante.
Educação para autonomia.
Cidadãos plenos que mudam o cotidiano.
Cidadãos que não se deixam representar por uma corja de vigaristas.

Chorar

Choro para me sentir vivo
Deságuo toda dor e alegria
Expresso toda minha angústia
Meu pranto não se envergonha
As lágrimas me fragilizam hoje
Para que amanhã eu seja forte.

Choro pelas dores dos outros
Pois as dores do mundo também são minhas.
Os olhos marejam diante da superação
A emoção de renascer nos faz chorar
Choro quando amo e odeio
Lágrimas molham sorrisos e gritos
Olhos d'água sobre a vida e a morte.

Choro contido para não incomodar
Ou com estridência para machucar
Choro quando não me reconheço
E minhas lágrimas servem para regar
Rosas murchas de ódio
E girassóis de esperança e paz.

Discurso

O ensaio na sala repetindo em voz alta
Não impediu o medo do momento decisivo
A boca ficou seca, faltou-lhe ar
Começou a suar e desmaiou.
A plateia desapareceu de seus olhos
Como luzes cintilantes da noite.
Água, abanos, gritos e aglomeração
Seu desmaio chamou mais atenção do que o discurso
O texto preparado há meses agora estava obsoleto.

Recuperou os sentidos e decidiu retornar ao palco.
A plateia em silêncio esperava um novo desmaio.
As primeiras palavras saíram em gaguejos
Depois perdeu tudo que estava em mente.
Recorreu ao papel e o nervosismo não lhe permitia ler.
Risos e rostos de pena aumentavam o sofrimento do orador,
Nada tinha a perder pois o desmaio já seria o ponto alto
do discurso.
Olhou para o horizonte e respirou fundo.
Começou a falar dos colegas, das experiências boas e ruins,
Falou de esperança e do valor do Direito para a sociedade,
Terminou, alívio e expectativa para os comentários.
Foi elogiado, abraçado e bajulado.
Seu discurso emocionou, pois, foi verdadeiro.
Nada saiu como planejado e todos entenderam a mensagem
Porque o discurso foi natural, imperfeito e humanizado.

Lucidez

Tiro o fio da cafeteira da tomada.
Saio.
Volto.
Preciso assegurar que não haverá incêndio.
Fecho a torneira.
Gotas caem em minha mente.
Abro e fecho.
Fecho e abro.
Preciso assegurar que não haverá inundação.

Desligo o gás após cozinhar.
Retorno para olhar se há chama.
Respiro fundo para sentir se não há vazamento.
Preciso assegurar que não haverá explosão.
Fecho a porta e vou trabalhar.
Passo o dia questionando se girei a chave na fechadura.
A angústia me consome.
Preciso assegurar que não haverá invasão.
Ligo para a vizinha e peço para ver se a porta está fechada.
Fechei. Segundo ela.

Coloco a chave do carro na geladeira.
Uso o controle do ar-condicionado para tentar ligar a TV.
Tento usar o micro-ondas, mas não aperto os botões.
Confiro duas vezes se o boleto foi pago.
Pergunto se estou bem.
Penso nas tarefas do trabalho.
Tento lembrar se dei bom dia ao motorista.

Meus sentidos e minha memória me confundem.
Não posso assegurar que fiz algo ou se foi uma ilusão.
Preciso assegurar que ainda estou lúcido.
Mas não entendo a lucidez.
Ter dúvidas sobre tudo.
Sofrer antes do acontecimento
Isso é lúcido porque penso a priori.
Ou será loucura duvidar de mim mesmo?
Se não acredito em mim, como posso ser lúcido?
E como posso perder a lucidez
Se ainda penso sobre mim?

Fábrica

O monstro abriu a bocarra
Pronto para alimentar-se das almas
Dos corpos esquálidos e sujos
Que caminhavam cansados para o abatedouro.
Levavam a força que ainda restava para vender
E punham-se a empurrar, moldar, puxar...
Fiar, entrelaçar, dobrar, limpar, consertar
No tempo das máquinas de fumaça
Respirando fuligem...
Sentindo cansaços...
Dores e medos.

Os filhos rodeiam as máquinas
Entram nos gigantes de metal
Destravam as engrenagens
Não se sentam, não brincam, não estudam
Pois a fábrica é o lar dos pobres
E o edifício da sobrevivência.
Mães grávidas espreitam o trabalho dos filhos
Alertas para os olhares dos capatazes
Que afogam os pequenos nos tambores
Para acordar a força de trabalho nos corpos miúdos.

Escravizados e alienados para ganhar as moedas
Comprar pão, dormir no chão e acordar para o trabalho
Ciclo de vida medíocre sob o olho do senhor burguês
A investir capital para explorar e ganhar mais do vil metal.
Germinal em essência e em falsos Tempos Modernos
A indústria trouxe produtos de consumo de poucos
Produzidos por muitos comedores de batata
Figuras desumanizadas na fumaça das cidades podres.

Sons da cidade

Ouçam o sino da catedral e o alarme da fábrica.
Eles ditam o ritmo da música da cidade.

Enquanto pais marcham até as fábricas
As portas das escolas acolhem seus filhos.

Buzinas de carros acirram os ânimos
De viajantes sedentos por velocidade.

Romperam-se os vínculos com o tempo da natureza.
O tempo de almoço é pequeno para a fome grande.
O tilintar dos talheres no refeitório repõem energia
de trabalho.
O alarme da escola dá liberdade às crianças.

Poucos pássaros nas praças desafiam o lugar e cantam.
Cães abandonados latem suplicando atenção.
O vento assobia trazendo a poeira e as folhas secas.
Buzinas de carros parados na rua aumentam o cansaço.

Pais e filhos ligam as telas para esquecer o dia.
A cama é o local intermediário para a nova jornada.
O despertador assusta os cansados do tédio.
E tudo recomeça porque ninguém mais ouve os sons da vida.

Paciência

Há momentos de desespero e pavor
Quando um passo à beira do abismo
Torna-se caminho para aliviar a dor
De uma alma destruída pelo egoísmo.

Aprender a respirar durante os incêndios
Não é decisão para conseguir viver
Viver não se aprende em um compêndio
É escolha de pausar, pensar e aprender.

Reduzir a velocidade e esperar
Em tempos de grandes mudanças
É tarefa árdua para começar
A fortalecer as esperanças.

A pressa não conduz a perfeição
Nada é completo ou perfeito
Também é preciso lentidão
O equilíbrio está em cada peito.

Ansiosos preocupam-se mais com o futuro
E esquecem de si e do mundo presente
Sofrem por tempos obscuros
Destroem as belezas da mente.

Paciência não é dádiva divina
É sentir-se parte da natureza
Entender que o tempo não desafina
Como a música traz paz e beleza.

Normal

Não sou normal porque não me encaixo.
Nunca.

Os padrões anulam as surpresas.
Sempre.

Eu sou uma história e um mundo a explorar.
Único.

Eu não projeto a imagem do olhar alheio.
Invento.

Minha mente cria, recria e transforma.
Incômodo.

Meu rosto envelhece com o tempo que me acolhe.
Sentimento.

Meus amores são diversos em única sensação.
Emoção.

Eu não obedeço a regras e não sou filho de deuses.
Mortal.

Fotografo a minha beleza para guardar memórias.
História.

Não abraço quem não quero e beijo qualquer um.
Sexo.

Fico acordado quando devo dormir e durmo quando quero.
Descanso.

Como açúcares sem pesar e saboreio frutas por prazer.
Fome.

Não ando com a moda porque não sou modelo
para ninguém.
Imagem.

Saio pelo mundo com os cabelos ao vento.
Liberdade.

Desapareço sem dar satisfação.
Opinião.

Grito quando sinto felicidade e choro quando a dor é imensidão.
Revolução.

Não tenho chaves, derrubo muros e crio pontes.
Loucura.

Adoeço, canto, escrevo e sangro.
Normal.

Timidez e introversão

O tímido teme o olhar que lançam sobre seu corpo
e sua alma.
Esconde-se num casulo que pode secar antes das
asas baterem.
A timidez nasce da hipócrita pressão para padronizar
Gargalhadas...
Abraços festivos...
Conversas fúteis...
Relações fugazes.

Introvertidos não querem padrões e amam o silêncio.
Estar consigo em harmonia, por escolha, sem olhares
Comportamento e personalidade de quem contempla a vida
E cria seu próprio caminho e o ritmo de cada passo.
Os introvertidos entendem-se como ilhas em oceanos
turbulentos.
Buscam o autoconhecimento para não ser molde ou o
objeto moldado.

A timidez pode adoecer sob pressões de espaços sociais que
deveriam libertar.
A sala de aula é uma prisão onde querem obrigar a falar e
interagir.
O trabalho é uma corda onde se equilibra com medo de cair
para o subemprego.
As piadas, os beijos, os abraços e as conversas não são
naturais para todos.
É legítimo querer estar só, ler, refletir, conversar com os
amigos mais próximos.

O introvertido não ri para agradar, ri porque achou graça, com naturalidade.
O tímido também sente amor e ódio, não é uma geladeira onde depositam formas.
Cada um deve ser entendido em seu mundo particular para ser parte do mundo social.
A incompreensão gerou muitos prantos e feridas que não fecham.
A exclusão criou vazios, apagou chamas de vida e levou a escolhas pela morte.

Que sejam tímidos
Que se assumam introvertidos
E quebrem as correntes para a fruição da vida!
Ultrapassem as fronteiras que não são suas!
Tenham segurança para ser e ter...
a força para dizer não
a certeza de que não quer
o orgulho de se entender
o amor por si e por quem importa
os planos que envolvam o que faz feliz
as roupas da sua própria moda
as músicas que acompanham a vida
os livros que emocionam
as dores com as quais precisa lidar
os amores que um dia há de encontrar.

A personalidade é uma construção interativa do EU com o mundo.
Ninguém pode impor o que sentir ou como agir
Como se houvesse um padrão de felicidade e uma receita de vida.
Ninguém pode roubar a liberdade de ser.
O introvertido não é sempre triste
O tímido precisa ser acolhido e compreendido.
Falar baixinho, observar, gostar do silêncio...
É outra forma perspicaz de entender a vida.
Nem sempre gritos e gargalhadas são expressões de felicidade.

A interação social demanda respeito.
Profissionalismo, cidadania e inclusão são essenciais
Para que todos sejam fios do tecido social.
Julgamentos e preconceitos desvalorizam potenciais
E favorecem competências superficiais.
Ninguém revela-se por inteiro
As pessoas conhecem-se aos poucos
E as inteligências emocionais
Não são exclusivas da extroversão.

O reino de Deus

A entrada no reino dos céus foi uma catástrofe
Depois das três investidas das bestas de várias cabeças
Choveu fogo sobre o arraial e escureceu a lua.
Cada alma de Canudos pegou em armas
Paus, pedras, garruchas e tijolos
Contra o canhão inglês e os planos da República.

Crianças, velhos, mulheres, trabalhadores miseráveis
Casas de pau a pique e uma igrejinha com um beato
Fizeram tremer os alicerces de um país em construção.
O corpo do beato Conselheiro é mais um nas pilhas
Centenas de almas abriram as portas do reino de Deus
A terra prometida para aqueles que nunca tiveram chão.

O rio Vaza Barris levou o sangue sertão adentro.
O forasteiro desdenhou do sertanejo que morreu lutando.
Só quem sobrevive na seca sabe o que é a luta.
A favela cresceu onde foi o inferno na terra
Cada cidadão assassinado pelo Estado brasileiro em Canudos
Merece respeito e espaço da memória dos cidadãos do agora
Para que as guerras contra o povo por interesses da elite
Não massacrem os inocentes e estrangulem os cruéis.

Conselhos para mim

É premente ser feliz.
Vestir um moletom e dormir no sofá.
Poder beijar muitas bocas para provar sabores.
Sofrer por amor não é bonito
Deixe a melancolia para os poetas.
Separe os corpos e almas que não se entendem.
Invistam no sexo sem compromisso
Dançar agarradinho no salão a noite toda.
Jogar conversa fora e fazer amizades coloridas.
O amor sublime foi bem desenhado
Mas a prática de amar não cabe no modelo.
Chore de saudades e de alegria.
Não converta uma relação em pranto.
Não se costura o que o tempo já rasgou.
Laços desfeitos pedem outros caminhos e pessoas.
Doar e receber compreensão
Trocar carícias e prazer.
Amar é felicidade
Felicidade não é pecado.
Não esperem príncipes de outrora
Ou os finais felizes de contos de fada.
Viver com intensidade é amar.
O amor é uma linha sinuosa
Nuances de dor e alegria.

Planos

Aos 8 anos queria ser bombeiro.
Aos 16 disseram-me para escolher profissão que pagasse bem.
Hoje sou um engenheiro desempregado.
Aos 12 queria ser rico para comprar uma piscina.
Hoje quero ter dinheiro para pagar as contas.
Aos 15 queria sair de casa e ter meu próprio carro.
Aos 18 aprendi a dirigir.
Comprei carro aos trinta e ainda moro de aluguel.
Aos 19 queria fazer estágio e estudar.
Precisei trabalhar de dia e ir para a faculdade à noite.
Queria emprego numa construtora.
Trabalhei como vendedor de carros.
Aos 20 queria me casar e ter filhos.
Fui traído e decidi não ter mais compromisso.
Aos 22 queria abrir minha empresa.
Não tinha dinheiro e meu pai faleceu.
Cuidei da oficina mecânica que ele me deixou.
Com 25 desejava ampliar o negócio da oficina.
Minha mãe precisou de dinheiro para uma cirurgia.
Vendi a oficina.
Aos 28 desejei qualquer emprego.
Consegui trabalho num escritório.
Aos 30 pensei em construir uma casa.
Minha mãe faleceu.
Vendi a casa e fui viver de aluguel.
Abri minha empresa
Aos 33, a empresa faliu.
Perdi tudo.
Aos 34 estou à procura de emprego.
Não sei o que farei aos 40 e aos 50.
Quero sobreviver e ficar velhinho.
Continuo reformulando sonhos enquanto a vida me deixar.

Perdão

O mal que me causastes nunca será esquecido.
Não darei a outra face pois senti o peso de sua mão.
Não o abraçarei, pois, podes esconder outra faca.
Apunhaladas demoram para cicatrizar.
Perdoar serve mais para aliviar sua culpa.
Perdoar exige muito de mim e não tenho forças.
Precisaria me reerguer, lembrar e relevar.
Teria que superar quando as feridas ainda doem.
Não consigo apagar em meu peito todo o rancor.
Ainda vislumbro momentos de vingança.

Não te perdoo porque não sou perfeita.

O perdão não pode ser um simples acordo.
Nada pode ser como antes.
Eu te dei meu corpo, minha alma, minha casa.
Eu te dei todas as minhas esperanças.
Eu recebi traições, mentiras e tapas.
Agora que sua punição se aproxima, quer se redimir
Como se fosse simples, certo e fácil.
Perdoá-lo seria muito injusto.
O perdão é muito nobre.
Você não merece.
A culpa deve corroer sua mente.

Dúvida

Duvidar do que dizem ou escrevem
Não significa perder a confiança
ou desacreditar da capacidade de nos contar a verdade.
Duvidar é um exercício crítico
em defesa da própria verdade
Serve para resguardar...
...o correto
...o justo
...a lealdade
...a vida
...o direito de expressão.
Quando não há dúvida por conivência...
...ou por preguiça
...ou por alienação
Não se seleciona...
generaliza-se...
tudo é igual...
A verdade aparece em tudo.
A mentira assume a face que se quer.

Golpe

Um golpe de Estado não tem modelo a seguir
Pode ser por tiros e soldados marchando
Pode ocorrer com políticos eleitos fazendo uma votação.
Também quando uma massa de loucos mata os sãos.
Por não ter fórmulas, um golpe só tem um fim
Derrubar as instituições democráticas
Impor os interesses da elite que se diz conservadora.
Conservar é impedir a mudança para o bem de todos.
Conservador quer controlar o que pode mudar.
Por não ter regras e só ter um fim
Um golpe pode ser derradeiro e instantâneo
Ou ocorrer devagar e ser avassalador.
Por ser imoral, qualquer estratégia é válida.

Eu vejo uma democracia em frangalhos
As instituições sob ataque
Um movimento golpista cada vez mais forte.
Os golpes têm sucesso porque há muitos a olhar esperando...
...aplicação de um modelo de derrubada do poder.
Ninguém quer acreditar que isso possa ocorrer.
Eu acredito que um golpe nunca foi tão evidente.
Há gente ainda esperando a repetição dos modelos de golpes históricos, no estilo Vargas ou a la militar.
Os golpistas já estão no poder e minam a democracia de forma escancarada.
Pode ser tarde demais...

Dezembro de 2020.

Minha natureza

Cobri meus pés de terra
Para criar raízes profundas.
Enchi meu peito de ar puro
Para meus pulmões virarem asas.
Abri os braços para receber o sol
E me tornar morada dos pássaros.
As gotas de chuva entraram em meus poros
Semeando a vida dentro do corpo oco.
Minha pele foi coberta pela grama
Meus olhos transformaram-se em frutos maduros
Os cabelos foram levados como folhas ao vento
As flores nasceram nos ouvidas e na boca
Atraindo abelhas e borboletas.
Elas levarão o pólen para outros corpos
E novas vidas darão sentido à minha.

A Thomas Hobbes

Aos otimistas, peço desculpas. Eu preciso dizer que as coisas não estão bem. E não ficarão bem.
Há muitos que colocam as suas esperanças de melhora em Deus. Mas há poucos que agem para tornar reais essas vontades.
Poucos questionam que Deus possa ter deixado tudo isso acontecer com naturalidade.
Não é fácil ver tantas desgraças e depois ouvir: "tudo vai ficar bem". Eu não posso e não consigo fugir da realidade dessa forma.
Uma palavra pode ser um escape, um conforto, mas é um segundo de alívio em dias de horror.
O mundo está acabando. Os reis estão mortos.
As distopias agora são reais: pandemias acirram a ganância, ditadores ganham mais poder, crianças morrem de fome e de tiro.
O poder de um não garante a vida de todos. O poder de todos não garante a vida de um só.
O protesto virtual, o grito, a indignação no almoço ou o sofrimento calado não vão resolver.
Enfrentar a polícia na rua ou esperar que os governantes melhorem não são saídas: você morre lutando ou seca esperando uma bondade alheia
Não é pessimismo, muito menos conformismo. Também não perdi a esperança, porque nunca pensei ou sonhei com nada diferente.
O real é isso: o homem é o lobo do homem. É natural que tudo seja destruído num espetáculo de horror, dor, som e fúria.

SIMPLES PEQUENAS HISTÓRIAS

Um professor

Quando o perito chamou Ricardo para averiguar sua saúde, observou que já tinha condições físicas de retornar ao trabalho. Fez as usuais questões, embora já soubesse do veredicto que daria:
— Fez o tratamento psiquiátrico?
— Ainda faço, doutor.
— Como está se sentindo? Alguma dor?
— Tenho cansaço, desânimo, choro bastante, ainda não superei a ansiedade e os maus pensamentos.
— Consegue controlar os pensamentos?
— Não sei. Busco ler, ouvir música ou meditar para evitar ideias ruins.
— Por isso é bom trabalhar, ocupa a mente, evita pensar nessas coisas ruins. O senhor poderá retornar ao trabalho.
— Não me sinto bem ainda, não consigo entrar na escola novamente, não tenho cabeça para dar aulas.
— Continue o tratamento e retorne ao trabalho. Já está melhor e somente enfrentando o dia a dia da escola poderá superar esses traumas. Desejo tudo de bom ao senhor.
O médico se levantou, carimbou o despacho e abriu a porta.
Imóvel, Ricardo empalidecia ao imaginar retornar àquela escola.
Tudo estava confuso. Uma espiral de imagens dominava sua mente: jovens gritando abaixo do olhar repreensível da diretora e as cadeiras quebradas voando sob uma névoa de giz.
Desceu do ônibus, entrou em casa, sentou-se, tomou um copo d'água e marcou a consulta com a psiquiatra. Só tinha vaga para três meses depois.
Ricardo olhava os livros que enchiam a estante da sala. Todo o resto não tinha importância. Sentia um vazio.
— Eu não vou aguentar, não de novo, não vale a pena, não tenho valor...

No banho, deixou a água quente escorrer sobre sua cabeça para aliviar a dor. Sentia-se cada vez mais sem rumo, pequeno, triste, cansado...

Lembrou do dia em que riram dele. Lembrou do desmaio. Sentiu de novo o desprezo dos alunos. Reviveu a dor do soco daquele rapaz que não aceitou o zero na prova. Onde estaria? Lembrava de alguma coisa das aulas de Matemática?

O sangue daquele momento em que a escola viu o soco, agora, estava no pulso do professor. Cortou a vida com uma navalha e deixou verter sangue para escapar do mundo.

Quando a notícia do suicídio se espalhou, muitas postagens nas redes homenagearam o honrado docente da escola municipal. Uma nota do jornal local lembrou da importância de valorizar os professores e conversou com especialistas sobre saúde mental.

Todos os dias, jovens entram e saem pelo portão da escola onde Ricardo trabalhou. Já há um novo professor de Matemática. Os dias letivos serão cumpridos integralmente.

Os livros do professor Ricardo foram doados à biblioteca da escola. Poucos emprestam.

A maioria não se interessa pela grande riqueza de um homem que escolheu ser professor.

Adultério

Bocas e línguas entrecortavam-se no calor dos corpos nus. Olhos fechados sentiam a abrasadora paixão que não podiam revelar fora daquelas paredes. O movimento dos corpos envolventes na cama acompanhava as respirações ofegantes dos amantes e do homem que caminhava pelo corredor.

O homem vinha a passos largos, pisava forte, tragava o ar desordenado e sentia que não aguentaria chegar até a porta. Quando se aproximou, resolveu parar, ouvir as palpitações, o ar quente nas narinas e pensar. Precisava decidir o que faria ao abrir a porta e encontrar a esposa com outro.

Não havia o que pensar, o amor próprio falou mais alto. Abriu a porta com cuidado e pode ver as mãos do vizinho acariciando os seios da sua mulher. Com a faca apontada, tentou não respirar e seus passos leves eram dissonantes do ódio que sentia. Queria surpreender, matar, limpar de sua imagem a vergonha de ser traído pela mãe de seus filhos.

Ela abriu os olhos de relance e viu o marido aproximar-se. O marido notou com rapidez aqueles olhos verdes encarando, como se julgassem com perversão sua presença naquele quarto de motel. Então ele se jogou sobre a cama. O amante separou-se do corpo da amada e enfrentou seu algoz segurando a mão cuja faca tinha a certa direção do seu peito.

Ela correu para o canto, nua, e o pânico rapidamente tomou seu rosto que antes era a face de prazer e alegria. Não conseguia gritar. Via os dois homens brigando e temia o movimento do brilho da lâmina da faca. Tapava os ouvidos para amenizar os gritos do marido que prometia matar os vagabundos, os pervertidos e os safados.

No meio da luta, a faca caiu longe dos dois homens e próximo dela...

Eles continuaram com socos e pontapés sobre a cama, que agora era o ringue daqueles que disputavam o corpo e a atenção da mulher nua.

Agora ela tinha a faca na mão.

A esposa e amante deu seu único grito: CHEGA!

Não sabia se brigavam por ela ou por si mesmos.

Não sabia se apontava a faca para o marido que não a fazia feliz, mas era o pai de seus filhos.

Não sabia se apontava a faca para o amante, cúmplice da traição que lhe dava arrependimento após cada noite de sexo.

Não sabia se ambos mereciam a morte para dar fim a um dilema que a colocava como o corpo ou a mãe que estava sempre dependendo de um homem.

Ela apontou a faca para o próprio pescoço e, com os olhos fixos em ambos, ameaçou se matar.

Olhou atentamente para a reação dos dois. Imóveis, eles a fitavam com medo.

Ela tinha a situação sob controle.

A mulher saiu devagar e andou nua pela corredor com a faca em punho. Não havia mais nada a esconder.

O pedido

Minha mão trêmula segurava a aliança com força. Eu suava esperando que ela saísse do banho para que eu pudesse falar. As palavras estavam enroscadas na garganta e meu coração descompassado fazia aumentar o medo que me consumia.

Eu fiz o jantar, abri o vinho e aguardei sentado para que pudesse falar com calma. Pela cabeça passavam momentos alegres e tristes que vivemos. Eu demorei para decidir, perdi muito tempo esperando a hora certa: que a mãe dela melhorasse, que eu arrumasse um emprego, que a vida fosse mais leve ou que estivéssemos mais fortes juntos.

Ela se assustou quando me viu perto da mesa. Eu realmente não tinha o costume de cozinhar ou fazer gentilezas. Esperei que ela se sentasse, pois queria fazer o pedido sem pressa para que a noite terminasse bem.

Abri a mão, mostrei a aliança e coloquei-a sobre a mesa.

— Quero o divórcio.

Fiz uma pausa. Silêncio.

— Eu não posso mais usar uma aliança como se estivesse tudo bem... Eu preciso terminar em paz, conversando contigo pra resolver nossas vidas. Eu vou morar com minha mãe, você fica aqui e depois resolvemos tudo sobre os papéis. Eu quero que você seja feliz... Você não vai conseguir felicidade ao meu lado. Nós sabemos disso...

O silêncio novamente.

Ela nada disse. Depois tirou também a aliança e colocou perto da minha.

Casamento desfeito: sem louça quebrada, grito ou discussão.

Há muitos anos não tínhamos a mesma vontade de viver juntos, já não havia amor. A amizade não bastava.

Ela amava outro e eu sabia. E eu já não tinha alguém para amar.

Então jantamos em silêncio, eu lavei a louça e saí.

Senti alívio e liberdade. A noite estava mais linda e eu conseguia respirar melhor.

Foi meu recomeço.

Depoimento cotidiano

Não sou uma assassina e não importo se vão acreditar em mim. Já sei que vou ser presa, todos já me condenam. É sempre assim: a vagabunda que trai o marido não tem moral e nunca pode ser a vítima. Mas eu sou vítima e vou continuar sendo vítima apesar da cadeia, do jornal e dos xingamentos da família dele.

O Ricardo nunca me bateu. Quando ele soube que eu tinha outro, ficou bravo, me botou pra fora de casa e pronto. Eu segui a minha vida. Eu resolvi seguir o relacionamento com o Paulo, mas as coisas não deram certo. Ele era muito pegajoso, eu não gosto de homem meloso e acabei com o namoro.

Eu moro com minha mãe, nunca quis ter filhos e descobri que estava grávida umas duas semaninhas depois que terminei com o Paulo. Eu não falei nada, só comentei com minha mãe e abortei. Não sou obrigada a ter um filho que não quero, não ia ficar com um cara por causa de criança e viver um inferno para o resto da minha vida.

Todo o problema começou por causa do meu pai. Minha mãe contou do aborto para ele, ele pensou que eu sou criança e me deu um tapa. Só não revidei por ser meu pai. Eu saí de casa e fui morar de aluguel. Então todo o bairro ficou sabendo, porque meu pai contou para a fofoqueira da minha tia. Família linguaruda que seria melhor não ter.

Por causa das más línguas, meu ex-marido fez questão de jogar na cara do Paulo que eu tinha abortado. Tenho certeza de que meu pai contou pra ele, já que são dois machistas escrotos. O Paulo sentiu-se ofendido e veio tirar satisfação comigo. Eu sei que ele merecia saber da gravidez, mas não adiantava chorar sobre o leite derramado.

Ele gritava que estava na boca do povo, que eu não tinha fé, que eu ia arder no inferno... Não dei bola e mandei sair da minha casa. Foi quando ele fechou a porta, disse que eu ia aprender a ser gente. Do nada, ele me deu um soco no estômago. Eu não permito que me batam, não sou brinquedo de ninguém. Nem pensei. Peguei uma faca que estava na pia e enfiei na barriga dele.

Eu podia ter fugido, mas saí, pedi para chamar uma ambulância e esperei. Ele estava quieto, mas estava respirando. Para piorar, a família dele invadiu minha casa e queria me linchar. Peguei o celular, me escondi na vizinha e chamei a polícia.

Eu poderia ter fugido, mas estou aqui. E fica aquela gente toda lá fora querendo minha cruz. Ninguém lembra que ele me bateu. Eu me defendi.

Pena que ele tenha morrido, mas antes ele do que eu. Bateu, levou.

Crime

A seca levou todo o milho e a mandioca que alimentariam a família. Sem nada para vender, dona Alzira acendeu o lampião na casinha de pau a pique. O ar quente e as moscas deixavam a pequena Joana inquieta: deitada sobre o colchão de palha, ela apoiava os pés na parede e enrolava os fiozinhos de cabelo.
— Mainha, vamos comer?
Dona Alzira mexia o angu. A farinha estava prestes a acabar e agora era preciso pôr mais água para render. A fome aumentava dia a dia.
Um barulho na escuridão fez Joana correr até a barra da saia da mãe. De repente, Pedro apareceu na porta segurando uma galinha morta:
— Cacei, mainha. Achei uma galinha pra gente comer.
O único que tinha um galinheiro por perto era o velho Malaquias. Caçar enguiço com ele era fácil, pois parecia que ele odiava o mundo.
— Menino, você roubou a galinha do Malaquias! Ele vai dar falta e virá tomar satisfação!
Enquanto puxava a orelha do menino, ele defendia sua proeza:
— Eu achei correndo aqui onde a gente planta, aqui é da gente, eu não fui pegar nada de ninguém.
A galinha já estava morta. Viva era mais fácil devolver e pedir desculpas. Entregar a galinha morta seria pior.
— Eu fiz direitinho, torci o pescoço como a senhora faz. Vamos cozinhar, mainha? Ela veio para cá!
Dona Alzira não parou para pensar em quem deu de comer à galinha, de quem era o ovo de onde nascera ou para quem ia os ovos que botou durante a vida. Depenou, esquartejou e separou os pedaços. Naquela noite, comeram coxa e peito assados. Estava muito bom.
A galinha foi suficiente para alimentar por quatro dias. Em falso, frita e no molho do angu, a galinha deu vida à família.
No fim da semana, o senhor Malaquias e o delegado apareceram na entrada do sítio.

— Dona Alzira, a vizinhança ficou sabendo que uma galinha minha escapou e veio para estes lados. Perguntamos e a dona Lola viu seu menino com a galinha há uns dias. Vim buscar a galinha.

— E por que o delegado está junto?

— Ora, pois é uma investigação. Um animal de minha propriedade sumiu. Estou procurando a semana toda.

— E como a dona Lola pode saber que era a sua galinha?

— Porque ninguém mais tem criação por aqui. Faça o favor de devolver a bichinha.

— Pois sua galinha não está no meu terreiro. E é a fala da dona Lola contra a minha.

— Cadê o moleque?

— Moleque, não, porque não é bicho solto no mundo. É meu filho e tem nome. Pedro. E ele está na escola. O delegado agora persegue criança? E pensei que houvesse coisa mais importante para fazer do que procurar a galinha do senhor Malaquias.

— A senhora é muito abusada! Ande, cadê minha galinha?

O delegado preferiu entrar na briga:

— Escute, dona Alzira. Saiba que pode ser presa caso esteja com a galinha. Seu filho pode ir para o internato. É a lei.

— É a lei de quem?

— Dos homens! É oficial. Para todo crime existe uma penalidade.

— Se fosse lei feita pelas mulheres, seria diferente e não estava esta disgrama!

— Não respeita o delegado, bocuda? — disse o velho Malaquias

— E falar a verdade é desrespeito? Além do mais, esquece da lei de Deus? Muita injustiça. Os humilhados serão exaltados. Uma mulher com duas crianças não precisa passar por isso. E tudo porque o senhor Malaquias não sabe prender sua galinha.

— Deixe estar, seu delegado. Essa daí deve, mas não teme. Deixe para a lei de Deus.

— Senhor Malaquias, posso fazer pouco por sua galinha. E dona Alzira, fique bem e cuide bem de seu filho.

— Eu sei educar minhas crianças, delegado. Cuide dos seus prisioneiros.

O senhor Malaquias deu o último aviso:

— E eu tenho lei também. Eu faço minha lei e é na bala. Melhor avisar por aí que não vou deixar levar o que é meu.

— Pois passe bem com suas galinhas, seu Malaquias.

Os dois homens saíram. Quando o menino Pedro retornou, dona Alzira juntou as duas crianças para explicar a situação:

— Se perguntarem para vocês sobre a galinha, digam que nunca viram. Ou teremos problemas. E não vamos mais comer o que não é nosso.

— Mas não tem nada nosso para comer. Sem galinha não tinha janta. — Disse a menina.

— Nós vamos plantar, colher mandioca e vender. Tudo vai melhorar. Amanhã eu recebo o dinheirinho de ajuda do governo. E nós três vamos levando.

A família abraçou-se naquela casinha simples à espera de dias melhores.

— Nunca vá para os lados do Malaquias, entendeu, Pedro?

— Sim, mainha.

O tempo passou. Dona Lola ouviu um sermão por ser fofoqueira e agora não conversa mais com Alzira. O caso da galinha foi parar no confessionário e coube ao padre estabelecer a punição do pecado com muitas orações na capelinha.

As coisas não melhoraram. A plantação não vingou. O angu ralo era de novo a única comida até que recebessem o pouco dinheiro da "caridade" do governo.

Numa noite fria e triste, Alzira chamou os filhos que brincavam no terreiro para dividirem o angu e um pedaço de pão doado pelo padre. Eles demoraram.

De repente, o silêncio da noite foi rompido pelo som de um tiro. O coração de dona Alzira disparou.

O senhor Malaquias usou sua arma e sua lei para defender mais uma galinha das crianças de dona Alzira.

Testamento

A morte é inevitável e, comprovando a frase popular, desta vida não se leva nada. Não precisaria escrever um testamento se soubesse que meus filhos me amam. Se um deles ou todos se unirem para me matar, ao menos este texto deixará claro o que penso e considero justo.

Nenhuma propriedade ficará para meus filhos, Carlos, Pedro e Lucas. Deixo para minha doce namorada, Andréia Gonçalves Ledo, minha casa e tudo que nela contém, as duas fazendas de Cambará, as três fazendas de Dourados, a fazenda de Botucatu e a fazenda de Sorocaba, meus sete carros e todo o valor de minhas três contas bancárias que totalizam R$578.345.970,54. Todas as cabeças de gado de cada fazenda, todo o lucro das vendas das plantações de café e toda outra riqueza relativa às propriedades pertence à minha namorada.

Meu patrimônio é resultado do trabalho de minhas bisavós, de meus avós, de meu pai e, principalmente, de meu esforço. Carlos, Pedro e Lucas tiveram tudo em suas vidas: melhores brinquedos, escolas caras, viagens, carros e empregos nas minhas fazendas. Nunca gostaram de trabalhar e ainda impediram meu namoro com Andréia depois que me apaixonei. Quero que aprendam com este testamento que merece meus bens quem mais me amou em vida. Nem mesmo a mãe de meus filhos foi uma boa esposa. Os mortos não viram santos para quem não os amou.

Andréia é ainda muito jovem e precisará de apoio para administrar todos os bens. Por isso, peço a seu primo, João Tavares Ledo, que auxilie no processo de condução das atividades. Ambos sempre foram muito ligados emocionalmente e sei que a relação entre eles será favorável para os negócios. Sempre haverá fortuna quando há verdadeiro amor e comprometimento na família.

Para esclarecer minha decisão neste testamento quanto aos meus filhos, Carlos, Pedro e Lucas, preciso dizer que tentaram separar-me de Andréia inventando que eu estava sendo traído e que ela apenas queria meu dinheiro. Numa atitude sórdida, chegaram a acusar João Tavares de ser amante de Andréia.

Uma mentira óbvia. Não aceitam que uma mulher seja amiga de um homem da família! Não podem aceitar que uma jovem ame de verdade um homem velho como eu. Este velho tem muita história, paixão e vontade de ser feliz.

Ofensas, ameaças de morte e brigas por dinheiro mostram que fracassei como pai. Meus filhos são monstros. Quero terminar minha vida ao lado de quem me ama, uma mulher que conheci há pouco e que trouxe as maiores alegrias de minha vida. Eu sabia o que enfrentaria para estar com Andréia, e este testamento comprova que eu a escolhi com lucidez.

A maior riqueza que deixo neste testamento é minha declaração de amor à Andréia e uma lição para meus filhos. Quero que aprendam a sofrer.

Que meus advogados listem os bens e façam valer minha vontade.

Herculano Frondosa Santini

A viúva

Rita Almeida era a famosa viúva do Dr. Penteado. Toda São Paulo de 1934 sabia da riqueza que o marido lhe deixara antes de morrer na Revolução. A sogra olhava para Rita e fazia planos para seu futuro:

— Essa mulherzinha há de casar-se com um homem ruim, que lhe coloque rédeas.

Ainda no velório do filho, dona Ana tramava para casar Rita com o senhor Alcebíades, fazendeiro e antigo conhecido da família.

Rita não sentia falta do marido, com quem se casou obrigada pelo pai. Todos olhavam com pena à jovem que se tornara o melhor partido da cidade. Velhotes rodeavam a moça como abutres.

Depois de muitos dias trancada para mostrar respeito pelo morto, Rita saiu para passear e entrou na confeitaria. Ao olhar para o garçom, encantou-se com a beleza do rapaz de olhos azuis e cabelos loiros. Fez o pedido de um pedaço de bolo e perguntou o nome do garçom.

— Chamo-me Alberto, senhora. Trago o bolo em seguida. Quer chá?

O bolo de nozes estava delicioso. O sabor do momento fez a viúva voltar à confeitaria inúmeras vezes. Virou alvo das fofoqueiras, que deixaram dona Ana em atenção.

— Rita, já é tempo de buscar outro marido que lhe ajude a administrar as fazendas. Estão a falar de suas saídas. Sua honra será preservada quando te casares. O Sr. Alcebíades seria um ótimo companheiro.

Rita já aturava a sogra por muito tempo. E agora sentiu desejo de libertar-se do matrimônio. O marido estava morto e enterrado, mas aquela mulher ainda a mantinha no casamento em que foi prisioneira.

— Dona Ana, agradeço por sua preocupação. Os advogados e administradores cuidam de tudo e eu sou boa em contas. Estudei para ser professora, o destino trouxe o casamento, mas tenho muito conhecimento que agora é útil. Não sou próxima do Sr. Alcebíades e não seria de bom tom casar uma jovem com alguém que aparenta ser seu avô. Eu sou dona desta casa e da minha vida. Já tenho um noivo e farei uma festa para comemorar nosso amor. Tenho que preparar o evento, será nesta quinta, enviarei convite. Até lá.

Rita deixou dona Ana e pediu à empregada que a acompanhasse. A senhora bufava e sentia ódio porque o filho deixou tudo para a viúva. Ela nada tinha, a não ser a casa deixada também pelo marido morto. Tinha inveja da jovem mulher. A mocinha foi a primeira a enfrentá-la e humilhá-la. Torcia por sua infelicidade, para que o novo marido roubasse tudo que tinha e fosse parar num prostíbulo, vendendo o corpo para comprar pão.

No dia da festa, nomes ilustres da sociedade de São Paulo ficaram espantados com a beleza do casal Rita e Alberto, antigo garçom e jovem estudante de Direito. Os noivos felizes ouviam que "a viúva apanhara um belo rapaz" e que "o garçom fisgara o melhor partido". Perguntavam sobre a família de Alberto e este somente respondia:

— Não tenho linhagens. Minha história começa agora.

Sem dar valor aos hipócritas, ambos estavam felizes. Livres.

Dona Ana não compareceu à festa. Rita nunca mais viu a ex-sogra e nunca reclamou disso. Morreu de infarto. Dizem que cada fofoca sobre Rita a fazia ficar vermelha como um pimentão. Muitos acham que o ódio e a inveja fizeram mal para seu coração.

O casal fez uma das maiores festas de casamento de São Paulo. Rita decidiu não ter filhos. A ex-viúva fez render muitos lucros com sua herança. Aos poucos, Rita e Alberto impuseram-se como novo modelo da família paulistana.

Primeiro beijo

O casal de namorados foi ao cinema depois da aula. Não importava o filme, apenas preocuparam-se com o melhor lugar, ao fundo, com a privacidade que o momento pedia. Não compraram pipoca, mas cada um tinha bala e chiclete.

Depois de algum tempo no escurinho, ele colocou a mão sobre a mão esquerda da namorada. Ela deixou de olhar a tela, virou-se e deu um sorriso. Ambos continuaram olhando para um filme que não entendiam e que não tinha qualquer relevância.

Ele pensava em ter a iniciativa. De acordo com os bons conselhos do pai, deveria segurar suavemente o rosto dela, aproximar os lábios e beijar sem língua. Acreditava que usar a língua não era adequado para o primeiro beijo.

Ela pensava que a demora pelo beijo poderia ser timidez ou que ele tivesse medo de que ela não gostasse. Estava preparada para virar, olhar e beijar rapidamente. Mas pretendia deixar as bocas unidas por um pouco mais de tempo, já que com rapidez seria um simples selinho de criança.

Entreolharam-se. Ela tomou a iniciativa e beijou. Eles sentiam os corações acelerados e o arrepio pelo corpo. Depois, foi a vez dele, que rapidamente segurou o rosto da menina. Começaram a se beijar e experimentar as posições. Foram beijos de língua, molhados, demorados e apaixonados.

Enquanto as bocas conversavam na linguagem do beijo, as mãos sentiam as peles, os cabelos e o contorno do pescoço. Os abraços eram leves.

O som indicava o fim do filme e a luz acendeu. O casal estava feliz e sorridente. Ele perguntou se ela tinha gostado do filme e ela mostrou grande alegria com a história.

Saíram de mãos dadas, passearam pelo shopping e já planejaram outros momentos para os próximos beijos e a primeira noite juntos.

Aquele casal se separou. Foram para faculdades e estados diferentes. Nunca mais se viram. Cada um arrumou um novo par. Depois de muito tempo, adultos e casados com outros amantes, ainda se lembram do primeiro beijo.

Os dois já beijaram muitas bocas. Mas concordam que o primeiro beijo foi especial. Havia ternura, carinho, emoção e esperança. Foi um momento inesquecível, memória afetiva para toda a vida.

Enchente

A água turva ocupava as ruas com velocidade e trazia todos os galhos mortos e as garrafas descartadas no rio. Os moradores corriam para se abrigar, subiam em árvores ou nos tetos dos carros que já estavam sob a água. A chuva torrencial alimentava a calamidade.

Aos poucos, cadeiras, sofás, panelas e camas eram levados para as ruas. Os bens mais íntimos eram expostos pela enxurrada. Pequenos barcos salvavam cães e moradores que ainda teimavam em ficar nas casas inundadas.

Parte do morro caiu sobre casinhas que ainda resistiam ao temporal. Três vidas foram perdidas. Uma mãe desesperada procurou a filha até anoitecer. Infelizmente, encontrou-a sem vida sob os escombros.

O prefeito ordenou que os desabrigados ficassem no Ginásio Municipal. A Defesa Civil interditou moradias e muitos brigaram com os fiscais para não sair das casas onde estava tudo o que tinham.

Um helicóptero sobrevoou a área do desastre e o cinegrafista transmitia ao vivo para toda a cidade aquele espetáculo da natureza.

No dia seguinte, roupas e alimentos obtidos em doações foram distribuídos aos desabrigados. Mães e bebês dormiam em colchonetes duros. O choro dos adultos contrastava com a brincadeira de muitas crianças que corriam pelo ginásio.

Quando a água baixou, quem pôde retornar para a casa juntou força e pranto para recomeçar. Parentes deram teto à parte da família que perdera tudo.

O prefeito prometeu resolver o problema do escoamento dos bueiros e conter as vazões do rio. Porém, no ano seguinte, o espetáculo da enchente devorou o mesmo lugar. Novas vidas foram destruídas.

Sequestro

O colchão era muito fino e fedia a urina. Não havia ventilação e eu sentia que podia morrer sem ar a qualquer momento com aquele capuz. Jogaram-me sobre o colchão, no canto de uma sala escura. Depois que tiraram minhas algemas, pude ver que havia uma mesa com uma garrafa de água, um vaso sanitário ao lado da mesa e nada mais. O bandido encapuzado bateu à porta e fiquei na escuridão. Por mais que gritasse pedindo ajuda, nada adiantaria. Quando fiquei quieto, não ouvi uma alma sequer, nenhum animal ou mesmo o vento. Estava sequestrado no meio do nada.

Adormeci e acordei com dores no corpo. Aquele quarto foi usado outras vezes. Havia riscos na parede para contar os dias de cativeiro. Não ia seguir esse exemplo, pois quanto mais soubesse sobre o tempo, mais enlouqueceria. E eu sabia que ficaria ali por muito tempo. Os sequestradores mediram o dinheiro de meu avô, mas não sabem nada de problemas de família.

Um dos sequestradores trouxe pão e leite com café. Começo a comer e já ouvi a primeira reclamação:

— Escute bem, seu avô vai nos pagar e te liberamos. Por isso, nem pense em nos dar trabalho. Ele quer falar contigo e você vai dizer que está bem.

Ele ligou, passou o telefone para mim e meu avô desesperado dizia:

— Imbecil, por que não tomou cuidado? Por que saiu sem segurança? Você só me dá desgosto.

— Estou bem, vovô, obrigado pelo carinho. E aí, vai pagar o que eles querem ou vai me deixar morrer?

— A polícia vai encontrar. Eu não vou gastar um tostão. Se você sumir, para mim, é lucro.

O sequestrador pegou o telefone e fez a oferta final:

— Três milhões de reais. Vai levar para o endereço que vamos enviar por mensagem. Não leve a polícia e nós levamos o seu neto.

— Eu não vou pagar.

— Como é?

— Vão para o inferno. Já avisei a polícia e vocês que se virem.

— Estamos falando sério, matamos seu neto.

— Não vai me fazer falta. Adeus.

Depois da ligação desligada, o encapuzado olhou para mim. Tinha olhos verdes e uma voz grossa. Deu murros na parede e parecia não acreditar no que ouviu.

— Qual é a tua? Sabia que não vai pagar para te liberar? Você está morto. Você deve ser um filho da puta para não querer você de volta.

— Digamos que eu já desviei algum dinheiro da empresa do meu avô. E eu posso pagar por minha liberdade. Vocês me soltam, depois eu transfiro o dinheiro para vocês. Está tudo no banco. Eu pago os três milhões.

— Ninguém aqui é burro. Se eu te solto, não vejo a cor de dinheiro. Além disso, a polícia já está atrás de você. Vamos insistir com seu avô. Vou fazer à moda antiga.

Dois homens seguraram os braços da vítima e cortaram o dedo mindinho da mão direita. O presente foi enviado para o avô com uma carta, na qual afirmavam que encaminhariam um pedaço por dia até que aceitasse a oferta ou que ele morresse.

Enviaram outro mindinho, um dedão do pé, as duas orelhas, mais três dedos de cada mão. Sabiam cortar com precisão cirúrgica, enquanto a vítima gritava de dor.

Depois do envio da língua, o avô aceitou a oferta, pagou os sequestradores e o neto foi devolvido. Ficou internado por muitos dias.

Em sua primeira visita ao neto, o avô sorriu de contentamento.

— Vejo que está melhor. Se tivessem cortado a língua primeiro, eu já tinha feito o pagamento. Mas preferiram os dedos e as orelhas. Creio que a vida deu uma grande lição. Devemos respeitar a família. Mesmo que tenha me roubado, eu te ajudei a sair de um momento tão difícil, não é?

O neto sentia raiva e foi contido pelos enfermeiros.

— Creio que está muito abalado e precisa de ajuda psiquiátrica. Tudo vai ficar bem.

Enquanto os enfermeiros ainda seguravam o rapaz, o avô sussurrou no ouvido do neto:

— Você acreditaria se eu dissesse que eu contratei os sequestradores? Eles são ótimos e me surpreenderam pelo trabalho. Não paguei um resgate, paguei um serviço.

Mãe

Eu penteava seus cabelos brancos, assim como um dia ela penteou os meus. Ela estava absorta e cansada. Eu queria saber quais ideias dominavam sua mente, quais passados inventava e quais mundos reais conseguia atingir. Queria muito estar em algum dos seus pensamentos.

Desde os primeiros esquecimentos, eu tentei fazê-la estar comigo a todo instante, lembrar de nossas histórias, registrar em vídeos e fotos e guardar um acervo sobre nossa vida. À medida que a doença avançava, os sentidos se perdiam e o olhar de minha mãe ficava cada vez mais distante.

Tenho imensa tristeza ao olhar para ela e não ser reconhecida. Queria que ela retribuísse meu abraço, sorrisse mais, lembrasse dos momentos das fotos e da vida que nós duas construímos juntas com tanta dificuldade.

Agora eu cuido de minha mãe como se fosse minha filha. Alimentá-la, dar banho e colocá-la para dormir é uma forma de estar presente em sua história dela, mesmo que ela não seja mais ciente dessa história.

À tarde, na varanda, converso com ela. Antes ela respondia com perguntas e sorria quando eu lhe explicava que ela era professora, adora vermelho, praia e nhoque. Eu lhe dizia meu nome, contava sobre o dia que ela me adotou e me deu um lar. Ela gostava de ouvir sobre meu casamento, principalmente quando eu descrevia meu vestido de noiva com flores rosas. Eu repeti essas coisas por muitas e muitas vezes.

Quando ela olhava para o espelho, eu sempre dizia: "Veja, esta é você, dona Maria, linda, minha mãe que eu amo tanto".

Hoje já não ouço mais perguntas. Somente o silêncio e o olhar absorto e cansado. Quando fico face a seu rosto pálido, vejo os olhos azuis sem vida. Beijo seu rosto e sua testa com ternura. Quero que sinta meu carinho, meu afeto, minha gratidão e minha admiração. Pego sua mão e acaricio.

Mantenho laços ao segurar suas mãos. Aproveito cada momento ao seu lado. Coloco discos na antiga vitrola com músicas que cantávamos juntas. Continuo falando da vida, dos pássaros, da chuva, do sol, do almoço, da casa e de tudo que nos rodeia.

A dor de vê-la partir aos poucos dilacera a minha alma. Até o último instante de minha mãe, estarei perto para agradecer por ser sua filha e lhe mostrar que meu amor é imenso, maior que a memória e o esquecimento.

Carnaval

Era Quarta-Feira de Cinzas, o sol acabava de nascer e Antônio batia na porta da casa para sua esposa abrir. Depois, começou a chutar para derrubar a porta. A vizinhança abriu as janelas para reclamar do barulho.

— Cuidem de suas vidas, bando de abutres! Sai pra lá olho gordo! Volta pra dentro da casa seus chatos. Vão para o inferno! O negócio aqui é particular, minha porta, minha casa.

— Mas acordou todo mundo, seu bebum sem educação! Vamos chamar a polícia!

— Quem falou? Foi a senhora, dona Rita? Ontem era carnaval, nem devia ter dormido. Mulher chata dos infernos! Dorme cedo e quer acordar tarde! Eu estou no meu direito de aproveitar o carnaval. Estou voltando agora. E não devo satisfação.

Para não deixar a discussão piorar, a esposa abriu a porta e deixou o marido entrar. Ele quis beijá-la, mas ela se esquivou. Fechou a porta rápido.

— Por que demorou pra abrir, Rose?

— Você saiu na sexta, volta agora, não disse para onde ia e não atendeu o celular. Agiu como se fosse solteiro e agora volta para casa bêbado. Eu quero que pegue suas coisas e suma!

— É carnaval, meu amor! Você não quis ir, eu fui...

Rose começou a tirar as coisas do marido do armário e a colocar num saco de lixo. Ele quis impedir, mas caiu e bateu a cabeça na cômoda. Desmaiou.

A pobre mulher levantou o corpo e colocou sobre a cama. Limpou o ferimento da cabeça, trocou as roupas do bêbado e fez um café.

— Tome. Tem remédio para a dor também. Bateu a cabeça.

— Ainda bem que você cuida de mim. Me perdoe, amorzinho...

— Onde você esteve esse tempo todo?

— Nos blocos de rua. Um atrás do outro.

— Beijando mulheres, traindo sua esposa!

— Nunca! Só amigos, bate-papo e bebida.

— Quando troquei sua roupa, encontrei esse papel com um número de celular. De quem é?

— Eu não lembro, nem sei quem deu ou como foi parar aí.

— Vamos ligar para saber. Se for mulher, já passamos tudo a limpo.

— Mas eu não lembro, foi só festa, meu amor é você. Quando você me conheceu sabia que eu gosto de festejar.

— Não pode sair como se fosse solteiro, por respeito a quem está em casa esperando um filho teu. Não vou ter esta criança numa casa com pais brigando. Eu vou ligar. Se for mulher, você vai embora. Se não for, eu te dou a última chance. Por nosso bebê.

Rose ligou. Ninguém atendia. Ligou de novo. Um homem atendeu.

— Alô, com quem falo?

— É o Carlos. Quem quer falar?

— Eu encontrei seu número perto de um bêbado caído na calçada e pensei que pudesse ser seu parente. É um homem baixinho, barrigudo, careca, está com a camisa do Flamengo e chapéu de malandro.

— Ah, sim. Conheço o fulano. Chamam de Totô, acho que o nome é Antônio. Ele passou no meu bar e deixei número para que ele entrasse em contato quando soubesse da minha irmã. Ele está caído na calçada? Dê o endereço e eu vou aí buscar.

Antônio já começou a gritar para a mulher desligar o celular. As lembranças voltaram. Rose saiu do quarto, trancou a porta e o deixou lá dentro esperneando.

— Senhor Carlos, chegou uma mulher grávida aqui. Ela disse que é marido dela e vai levar o bêbado.

— Como assim marido? Ele é namorado da minha irmã! Que desgraçado! Traindo minha irmã! Deixe-me falar com a mulher.

— Deixe-me perguntar o endereço para onde ela vai levar e o senhor pode ir lá.

Rose segurou a raiva, deu um tempo, passou o endereço da própria casa e se despediu do rapaz. Abriu a porta do quarto e deu vários tapas no marido.

— Você tem outra. Imundo, infiel, salafrário! Você não merece ser meu marido e não quero que um mal caráter seja pai deste bebê.

Jogou o saco de lixo pela janela com todas as roupas de Antônio. Ele tentou se explicar, ajoelhar, mas tombou de bêbado na saída da casa.

A vizinhança voltou a olhar e a briga com os vizinhos recomeçou. Em seguida, o carro de Carlos chegou. Ele atacou Antônio com socos e pontapés para vingar a irmã. Em seguida, a polícia chamada pela vizinhança conteve os ânimos e levou os dois homens para a delegacia.

Tempos depois, Rose teve uma linda menina e se divorciou. A casa é sua propriedade e Antônio paga pensão à filha sob pena de ir para a cadeia. A outra mulher na vida do folião não quis saber mais de homem traidor e saiu a viajar.

— O Carnaval acabou com minha vida — disse a um dos seus amigos de bar.

— Companheiro, não culpe o Carnaval pelas bobagens que você fez. A festa do povo não altera caráter de ninguém. Não adianta vestir a fantasia de bom marido o ano todo e tirar para ser amante nos fins de semana.

— Você é muito sábio. Eu não presto mesmo.

— Por enquanto. Um brinde à sua nova vida!

Antônio deu uma gargalhada e levantou o copo de cachaça, embora não soubesse bem o que seria o motivo de comemoração.

— Um brinde, mas por sua conta. Estou sem grana.

A menina

— Corre, pai! A Jacinta caiu na beira do rio. Foi mordida de cobra!
Os dois correram e encontraram a pobre menina sentada com os pés no rio... Queria que a água levasse a mordida embora, mas não adiantava.
— Pai, foi cascavel. Eu ouvi o chocalho. Doeu na hora. Agora não dói mais.
— O pai vai te levar e nós vamos cuidar disso. Vai ficar tudo bem.
Carregou-a no colo até a casa e ordenou ao menino:
— João, corre e chama a dona Joana para fazer curativo.
Dona Joana era curandeira conhecida e tinha as ervas para todas as moléstias. Quando chegou à casa, Jacinta já estava inconsciente.
— A respiração está fraca. Mordida de cascavel é difícil de curar.
— Pobrezinha, não conseguia nem abrir os olhos. Suou sem parar.
Dona Joana colocou surucuína ralada sobre o ferimento, como aprendeu com os Aruã, os verdadeiros donos de todas as terras.
— Seu António, leve até a casa do Dr. Cícero. Lá tem telefone para chamar a ambulância e de lá a menina vai para o hospital. Vou rezar por ela.
O pai colocou Jacinta na carroça e João foi confortando a irmã, passando pano molhado em sua testa e segurando para que não caísse.
A casa era longe.
— Ela consegue falar?
— Não, pai. Ela não abre os olhos.
— Aguente, minha filha.
Depois de uma hora, chegaram à casa do advogado Cícero Vieira. Jacinta ficou deitada no sofá e a ambulância foi chamada pelo telefone.
— Ai, doutor. Muita dor no peito. Não posso perder minha princesinha.

— É certo que não vai. Eles lhe darão o soro antiofídico. O mais importante é que trouxe o mais rápido que pode.

— E a dona Joana ajudou muito com a erva. Ela está mais coradinha.

A ambulância chegou e levou a família para o hospital. Jacinta foi internada em estado grave.

— Eu vou cortar a cabeça dessa cobra, pai! – disse o menino com seus 10 anos.

— Não quero ver você atrás de cobra. Não quero que aconteça o mesmo com você. Elas têm o lugar delas e nós temos o nosso.

O médico veio falar com Antônio:

— Ela sangrou pela boca, disse poucas palavras e não conseguia abrir os olhos. Demos o soro e agora temos que aguardar.

Pai e filho oraram na capela do hospital. Pediram à mãe da menina que já estava no céu que intercedesse pela filha na terra.

Passaram-se duas semanas.

— Senhor Antônio, a recuperação foi lenta. Ela não corre risco, mas infelizmente não conseguirá mais enxergar.

— Como, doutor? Nunca ouvi falar disso? Cobra deixa cego? Como vai ser a vida da menina? Por quê? Ela não merecia!

— É um dos possíveis efeitos. Ela é muito pequena e a quantidade de veneno foi grande. Fizemos tudo o que podíamos. Sinto muito.

— Não tem como operar?

— Não. Infelizmente.

Jacinta chorou por muitos dias. Não quis sair da cama. Depois, começou a explorar a casa e a floresta apenas pelos sons. Cresceu movida pelos sons. Conseguia fazer tudo na imensa escuridão.

A família foi aos poucos superando a tristeza. Jacinta tinha um grande coração. Conseguia sentir e apreciar a vida mesmo sem olhar.

Certa vez, explorando a flores, ela ouviu o chocalho da cascavel. Ficou quieta, com medo de reviver tudo aquilo. O som da cobra foi interrompido por uma coisa cortante.

— E aí, Jacinta! Eu disse para o pai que cortava a cabeça da cobra e cumpri a palavra. Foi no facão.

Jacinta chegou a ter pena da cobra, mas não quis desapontar João. Ele tinha mais raiva da cobra do que ela mesma.

Jacinta sorriu e recebeu um abraço afetuoso do irmão. E seguiram a vida.

Vampiros

O uso excessivo de agrotóxicos deixou o sangue humano impróprio para o consumo dos vampiros. A população reduziu drasticamente, envenenada com a própria comida.

Inicialmente, com poucas pessoas à disposição, os dentuços atacaram os humanos que consumiam produtos orgânicos. O sangue puro e doce tornou-se bastante popular.

Drácula tornou-se um grande empreendedor ao perceber que faltariam humanos para o consumo de sangue puro. Criou uma fábrica de sangue.

Os humanos eram colocados em jaulas e tinham uma dieta equilibrada com frutas, hortaliças e legumes orgânicos... Sucos e cereais também estavam na ração diária. Agricultores eram bem pagos pelos produtos naturais requisitados pela Drácula Corporation.

Fora das jaulas, os humanos faziam exercícios em esteiras e reproduziam-se para novas peças serem colocadas no mercado.

Qualquer um que se rebelasse era morto no melhor estilo dos vampiros. Nenhuma gota do sangue era desperdiçada.

Calmantes de baixo efeito colateral eram utilizados diariamente para facilitar a lida com os enjaulados. Análises de amostras de sangue comprovavam se ainda mantinham a qualidade ou tinham qualquer resquício de medicamento.

O sangue era retirado e engarrafado em temperatura e embalagem adequadas. Filiais da empresa foram abertas em vários países.

Além de humanos para sangue, Drácula inspirou-se nos antigos abatedouros e domesticou humanos para mordedura. Aqueles vampiros que quisessem experimentar o prazer de caçar e morder pescoço, pulsos, lábios e pés poderiam comprar uma peça inteira. O medo melhorava o gosto da bebida. Havia também a opção de comprar um pedaço de humano com muito sangue concentrado. Bastava descongelar.

Outras indústrias de sangue surgiram, mas nenhuma superava os produtos de Drácula. Ele soube transformar humanos em seres irracionais, que nada sabiam do mundo para além das jaulas.

De consumidores, os humanos foram consumidos como produtos por insaciáveis apreciadores do suco da vida.

O piano

Dona Eulália era viúva e cuidava sozinha do filho Albertinho. Sua casa ficava na avenida central da cidade e a janela da sala abria para a rua. Quem passava via um grande piano e podia ter o prazer de ouvi-la tocar os clássicos de Chopin, Mozart e Beethoven.

Desde os sete anos, Albertinho ia à escola pela manhã e tinha aulas de piano com a mãe durante toda a tarde. Eulália era muito rigorosa, pois esperava ver o filho tocar nos principais palcos do país. Seria seu próprio sonho concretizado na vida do filho. Albertinho nem sempre queria tocar, pois tinha os amigos, as brincadeiras de rua e uma vida toda para além da sala de piano.

Cada vez que errava, Albertinho estendia a mão para que a mãe lhe batesse com a palmatória. Eulália defendia que sem disciplina e suor não se alcança o sucesso. De acordo com a gravidade do erro, mais forte era o golpe da palmatória.

— Eu odeio esse piano. Eu não faço outra coisa da vida!

Aquela reclamação rendeu-lhe castigos. As aulas estendiam-se pela noite e não havia jantar se a execução não fosse adequada.

Quando tinha 13 anos, Albertinho tocava na igreja, nas escolas e nas festas da cidade. Os aplausos deixavam dona Eulália emocionada e desconcertavam Albertinho. Ele já planejava deixar a mãe sozinha e viajar pelo mundo quando tivesse 18 anos.

Tudo mudou quando a mãe teve pneumonia. Ele percebeu que a amava. Tocava para alegrar a mãe, que interrompia a execução com suas tosses. Para presentear a mãe, decidiu mostrar-se como prodígio e compor. Mas, depois de muitos dias, nada saiu do papel e das teclas do piano.

Dona Eulália faleceu. Albertinho chorou muito e tocou piano no velório da mãe. A tia foi morar com ele. Por vários dias, ele abria a janela e tocava sem parar. Como sempre, muitos paravam e aplaudiam. A foto da mãe sobre o piano o motivava a continuar tocando.

Todas as lembranças da mãe estavam naquela sala, naquele piano. Os castigos, os sorrisos depois de acertos e os conselhos para o futuro:

— Um dia, há de viver como pianista e ganhar muito dinheiro por seu talento. O piano será seu companheiro eterno.

Aos 18 anos, Albertinho sentiu que era o momento de se libertar. Jogou querosene sobre o piano e colocou fogo. Pulava e ria ao ver o instrumento queimar. Os bombeiros foram chamados e as senhoras da rua diziam que ele parecia estar louco. A tia assustou-se e foi embora, com medo de ser atacada pelo pianista descontrolado.

Depois de apagado o incêndio, a sala estava consumida por destroços e fuligem. Albertinho pegou uma pequena mala, fechou as portas da casa e nunca mais foi visto.

Até hoje, os moradores perguntam sobre o piano do casarão da rua central. Há quem ouça a música e as tosses de Eulália durante as madrugadas.

A paisagem que já não existe

Quando viajo de ônibus, as paisagens pela janela me fazem pensar muito em mim mesmo, na história que não vivi e que ao mesmo tempo considero minha. Vejo as serras e as árvores, uma casa isolada, um cercado e uma boiada, elementos que compõem o quadro descrito por minha mãe ao falar de sua infância na roça. Eu não sei o que era ser muito pobre, carregar sem sapatos as sacas de café por entre as matas e atravessar rios para estudar. Mas aquela paisagem pela janela do ônibus traz a história de minha mãe como uma imagem estampada e em movimento para meus olhos e para minha memória.

A história de minha mãe transformou-se em minha história. Não só relembro, eu a sinto, refaço cada descrição do som de sua voz reverberando em minha cabeça. Um poço lembra-me do balde de água que carregava para o casebre onde viviam 11 pessoas. Um rio permite inventar a imagem dos banhos de rio de meus tios e recriar do meu jeito seu relato do dia frio em que acompanhou meu avô para resgatar a vaca leiteira que atravessou as águas para ter cria na outra margem.

Eu lembro, crio e recrio histórias e memórias vendo as montanhas entre Paraná e Santa Catarina, as serras no caminho do litoral e as estradas de terra entre uma cidade e outra do interior. Agora, lembro das aulas de História: como indígenas e seus algozes bandeirantes percorriam por essa mata densa e um relevo tão íngreme? Quantas mortes, medos, lutas e dores naqueles lugares marcaram a ocupação da terra e a criação das fronteiras? Quantas mortes ainda existem e ficam encobertas pelos galhos e sisais?

Esquecer faz parte. Não sei a idade geológica da paisagem montanhosa ou os termos científicos dos fósseis que possivelmente ali estiveram ou estão escondidos. Também não me recordo da cultura dos povos indígenas para compor a imagem mental do que vestiam ou como viviam dentre aquele local.

Sinto cheiro de mato, olho para o céu azul e as curvas das montanhas ao longe. Lembro-me de minha primeira viagem de trem que fiz com minha vó. Eu não conseguia ver os locais por causa da rápida movimentação. Mas as estações chamavam minha atenção pelas construções antigas e pela quantidade de gente diferente entrando e saindo. Eu tinha curiosidade em saber da mulher negra que levava um balde de roupa, do senhor com chapéu e mala verde e das crianças chorando no colo da mãe jovenzinha sentada no fundo do vagão.

Sempre fui curioso, penso demais, recordo e crio imagens de paisagens que já não são as mesmas. Os trens de São Paulo não me causam agora a mesma curiosidade, pois abaixo a cabeça com medo de que pensem que invado a privacidade alheia. Tudo é rápido e frio. Mesmo assim, as paredes pichadas lembram-me de que há inconformismo e os carros do trânsito mostram as prisões individuais em que vivemos.

Assim como tudo passa rápido e se mancha pela janela em borrões com a velocidade de um ônibus ou de um trem, as paisagens da memória são construídas de acordo com a velocidade da vida. Divagamos, sentimos, e mesmo com o pensamento ao longe, aproximamo-nos de nós mesmos, de nossa história, de nossa memória e de nossos sentimentos.

Que bom que as paisagens mudam... Assim a vida desenrola-se e a mente cria nossas memórias entre sentimentos e esquecimentos.

Oração para meu melhor amigo

Peço a Deus e a São Francisco de Assis que aliviem a dor de Vitório... Imploro que não deixem ir meu grande companheiro da vida. Sei que ele estaria melhor longe de tanta maldade, dessa humanidade sem amor, sem respeito, capaz de maltratar aqueles que não lhe fazem mal...

Mas penso em como minha vida e a dele se completam, em como somos felizes juntos e na importância desse ser iluminado para que eu superasse tantos problemas. Peço perdão por meu egoísmo. Eu o quero aqui, correndo atrás de uma bola, correndo pelos parques, deitando-se no meu colo com os olhinhos verdes fitados em mim. Quando eu quase desisti da vida, ele me mostrou alegria nas coisas simples e me tirou da solidão na qual eu me afundava.

Deus, tenha misericórdia de mim, que me tornei melhor por causa dele. O filhotinho abandonado na chuva e no frio tornou-se a minha fonte de energia quando o câncer quase me matou. Agora eu preciso estar ao lado dele. Eu quero muito que ele se recupere, que volte a brincar, a lamber os rostos, a sujar a casa e a mastigar meus chinelos.

Tenho arrependimento por todos os momentos que briguei pela bagunça enquanto ele simplesmente balançava o rabinho. Minha mãe tinha toda razão quando o trouxe para minha vida. E quando ela partiu, ele estava ao lado da cama dela, dando paz para a despedida.

Senhor, não é justo que ele se vá por causa de um atropelamento. Não é natural. Perdoe-me, de novo, por minha audácia. Um bêbado não tem o direito de tirar a vida de um ser angelical que nunca fez o mal. Salve o Vitório, dê a ele mais tempo para ser feliz.

Eu agradeço por ouvir a súplica de alguém que pouco procura orar. Eu espero sua compaixão para com Vitório. Não me castigue levando-o tão cedo.

E, por fim, por serdes misericordioso, que não o faça sofrer mais. E se sua vontade é levá-lo para o melhor dos céus, precisarei de toda sua força para vencer a dor de não o ter mais comigo. Eu queria que a vida dele fosse perfeita, por sua pureza e amor incondicional. Ele fez minha vida perfeita e sempre vou amá-lo.

Creio que um anjo como um cão merece campos verdes e floridos para correr, sentindo o sol e a brisa nos pelinhos que um dia um humano teve a sorte de acariciar.

Assassinato

Meu corpo boia na piscina cheia de água vermelha. Acabo de ser assassinado. Meus olhos azuis estão congelados, minha boca está aberta sem qualquer sopro de vida. E o meu sangue escorre como a água.

A casa está vazia. A polícia agora investiga quem é meu assassino. Tomam digitais de todos os lugares, tiram meu corpo da água e observam o buraco da bala na minha testa.

Foi repentino e não senti dor. Meu assassino foi rápido e generoso.

Sou colocado num saco frio. Perdi a noção de tempo. Nu sobre a mesa de metal, cortaram minha cabeça, retiraram a bala e cirurgicamente costuraram meu cadáver. Minha irmã chora, reconhece meu corpo e abraça o namorado. É um choro verdadeiro. Talvez se arrependa de tudo.

Caixão, pessoas desconhecidas, conversas aleatórias e café. Comentam sobre meu assassinato e como eu morri jovem. A polícia não sabe quem me matou, nenhuma arma foi encontrada, ninguém viu ou sabe de informações sobre minha morte.

Enfim, fico só à espera da cremação.

O namorado de minha irmã garantiu um bom casamento para aquela que é minha única parente e herdeira. Ser rico tem desvantagens. Se ela sabe ou se planejou meu assassinato nunca poderei saber. Ele fez o trabalho como um profissional. O que terá feito da arma?

A morte trouxe mais limites para entender a vida.

Meu corpo agora é devorado pelas chamas.

Pó.

Papel

Ela recortou corações em papéis coloridos durante toda a madrugada. Em cada um daqueles recortes bem-feitos, com o esmero que todos esperavam ver no trabalho de uma professora, os pequenos escreveriam mensagens de amor para as mães.

Simples, porém barato e pedagogicamente eficaz para homenagear as genitoras. Cada pedaço de papel levaria escritos das próprias crianças que a professora orgulhosamente alfabetizava.

Depois de dois turnos de trabalho, cansada e com vontade de ver o próprio filho que já estava aos cuidados da avó, a professora esperou a última mãe buscar a última criança.

A última mãe agarrou a mãozinha da última criança e saiu correndo pela rua. Nenhuma palavra ao porteiro, à inspetora e à professora. Nenhuma palavra com a própria filha.

De longe, a professora observou sua aluna dar o coração rosa para a mãe.

A mulher não tirou os óculos escuros, mal olhou para o cartão, elogiou a criança, deu o beijo costumeiro e saiu rapidamente com o carro.

Era possível ver o coração voando pela janela, caindo na rua, como mais um papel do lixo a ser varrido.

Casamento

Ana caminhava devagar rumo ao altar com um sorriso amarelo. O vestido branco com pérolas e um buquê de rosas e cravos chamavam a atenção do público da igreja. O noivo ansioso já começava a chorar. Ana vinha ao lado do pai, lentamente, naquele momento tão esperado e planejado pelo casal.

As aparências enganam. A lentidão dos passos da noiva tinha uma causa: estava com dúvida se deveria concretizar o casamento. Horas antes, ao sair de casa, uma mulher encarou-a na porta do carro para dizer que era a amante de seu futuro marido.

— Estamos juntos há um ano. Você é corna. E vai ser uma imbecil se casar com aquele vagabundo.

— E por que veio falar agora, quando estou vestida para me casar? Ele não quis ficar com você, não é? Eu fui escolhida — respondeu Ana com misto de nervosismo e raiva.

— E você é peixe na feira para ser escolhida? — provocou a amante.

— E você vai aceitar ser a laranja podre jogada pelo feirante?

— Eu avisei. Seja bem infeliz.

O pai de Ana chegou, viu a filha abalada, mas ela nada quis falar. Foram para a igreja e o trajeto de carro foi um martírio para a noiva: devo voltar para casa? Ir até a igreja e expor como ele é canalha? Ou seguir e não deixar aquela mulher estragar meu relacionamento?

De fato, ela o amava. E ele a apoiou nos momentos mais difíceis da vida. Mas as dúvidas continuavam em redemoinho em sua cabeça. Valia a pena casar-se por amor com alguém que não inspira confiança?

A caminho do altar, Ana pensou que seria pior sair correndo. Ela seria covarde. Era preciso ir até o altar e responder "sim" ou "não". Jogar as cartas na mesa.

O pai cumprimentou o genro, ele olhou para a amada com doçura e sussurrou: "Você está perfeita". Ela respondeu baixinho: "Eu sei".

Ana continuava em seu dilema enquanto o padre falava o texto padrão dos casamentos. Então, veio a fatídica pergunta:

— Ana Beatriz Souza, aceita Bernardo Gurgel como seu legítimo esposo, para amá-lo e respeitá-lo na saúde e na doença, na riqueza e na pobreza, até que a morte os separe?

Por um minuto, a igreja ficou em silêncio. O noivo suava em desespero e apertava a mão de Ana. Iria abandoná-lo?

— Sim — respondeu a noiva.

Com sorriso no rosto e muitos beijos, os noivos festejaram até tarde da noite. Depois foram para o hotel reservado para a noite de núpcias.

— Que linda festa, meu amor. Estou muito feliz. Mas senti que alguma coisa te incomoda. Estava tão calada no carro — disse o marido.

— Bernardo, sua amante conversou comigo quando eu saía de casa para ir à igreja...

— Não tenho amante, devia ser uma mentirosa...

— Deixe-me falar. Eu quase desisti desse casamento. Pensei muito e não seria justo abandonar alguém que amo e a quem eu também fiz mal.

— Você nunca me fez mal, eu não queria nada com ela, por isso ela foi procurá-la. Você sabe que eu te amo...

— Eu sinto. E por me amar vai entender que eu te traí também. Eu tinha um caso, mas terminei tudo antes do nosso casamento para estar apenas contigo e ser fiel.

— Você me traiu? Com quem? Como teve coragem?

— E a sua coragem? Só homem trai? E trair não significa amar. Foi sexo. Ou aceitamos o que ocorreu e começamos esse casamento sendo sinceros, ou cada um vai para sua casa e já planejamos o divórcio de amanhã.

Ele se sentou desnorteado. Em alguns minutos de silêncio, tomou a decisão. Levantou-se e deu-lhe um beijo demorado na boca.

O casal teve uma ardente noite de núpcias e viajou para o Havaí em lua de mel.

Amor com amor se paga. Para alguns casais, traição trocada não dói para sempre.

Mônica

O Sr. Alberto Pereira Pinto comprou a ama de leite Mônica de seu compadre Anastácio Vitorino. A escrava tinha muito leite, dentes fortes e ainda era moça. Anastácio fez um desconto de dez contos e o Sr. Alberto levou-a por 40 contos de réis. Era um bom investimento, já que a jovem escrava nem sequer alimentara o filho de Anastácio, que morreu acometido pela febre.

Mônica alimentou três filhos do Sr. Alberto. Para ter o leite na mesma época do nascimento de cada sinhozinho, Mônica foi batizada e casada com o escravo Justino na capela de Engenho Real. "Reproduziram cinco escravos, dois machos e três fêmeas". O Sr. Alberto vendeu as três meninas para Anacleto Soares, dono do Engenho de Matoso. O que se sabe das três, é que uma teve dois filhos bastardos do Sr. Anacleto, outra virou mucama e uma delas foi para a lida da cana.

Mônica chorou demais quando as três filhas foram vendidas. O Sr. Alberto ordenou que fosse açoitada pelo desaforo de mostrar descontentamento com uma ordem sua. Justino também rebelou-se e foi para o tronco. Dez dias depois, os dois estavam de cabeça baixa e cumprindo suas obrigações.

Mônica era muito apegada ao primeiro filho do Sr. Alberto. Joaquim era chamado de Quinzinho e foi ele quem começou a chamá-la de "Bá". Ela cantou músicas da África, bem baixinho, só para o bebê escutar. Era a única com quem a criança podia brincar. O Sr. não permitia que o filho brincasse com as crianças negras, nem mesmo com um dos filhos de Mônica. Era regra da fazenda que cada um soubesse seu devido lugar.

Mónica passava mais tempo com as crianças da casa grande do que com os próprios filhos. A senhora sentava-se para bordar, tomar chá e conversar com os parentes. Cobrava da ama que desse banho, vestisse, alimentasse e colocasse para dormir. O Sr. levava-o para o engenho desde pequeno para mostrar como se comportar como sinhozinho.

Mônica vestia-se com as roupas compridas que a senhora lhe dava. Dizia-se que uma ama de leite devia estar vestida à altura da riqueza da família. Os vestidos mais atrapalhavam do que ajudavam nas muitas atividades do dia. E os pés continuavam desnudos, sem um calçado que protegesse do frio ou das pedras.

Joaquim começou a ter aulas particulares com um professor da cidade, tornou-se um jovem alto, bonito, esperto e muito parecido com o pai. Foi estudar na Universidade de Coimbra. O mesmo ocorreu com os irmãos, João e Paulo. Mônica sempre teve mais trabalho com Paulo. Criança birrenta, escondia-se só para fazê-la perder tempo procurando. Uma vez, Paulo pegou um galho e disse que ia fazer com Mônica o que seu pai fazia com os outros negros. Mônica pegou o galho e acertou-o na bunda do malcriado. Aquilo lhe custou um dia sem comer.

João era a criança mais triste. Não queria fazer o que o pai lhe dizia, apanhava e vinha se esconder embaixo das saias da Bá. Certa vez, quase morreu de varíola. Mônica ficou cuidando das feridas da criança por vários dias. Pediu a Obaluaye e a São Lázaro que o curasse. E o menino voltou a viver.

João e Paulo foram para Coimbra. Quinzinho retornaria em breve. Como estavam todos adultos, Mônica já não tinha idade para amamentar mais um. Não sabia a data certa de nascimento, mas sabia que estava mais velha e cansada. Estava exausta de ter filhos e de cuidar dos filhos dos outros.

Seus dois filhos homens continuavam trabalhando de sol a sol na fazenda e, com o pai, começaram a pensar numa forma de fugir. Um escravo chamado Jacinto chegou na senzala falando de rumores de um quilombo pelas bandas do engenho do Sr. Alberto. Convenceu muitos deles a fugir e procurar o tal lugar. Para isso, planejaram o dia em que colocariam fogo na senzala, no canavial e correriam para a mata.

Quando Mônica soube do plano, começou a chorar desesperada. Todos podiam morrer. Ninguém quis desistir. Mônica resolveu que não ficaria sem sua família e aceitou fugir.

Mataram o capataz, usaram os lampiões para atear fogo na fazenda e saíram todos correndo. Na mata escura, Mônica já não conseguia ver o marido e os filhos. Correu o quanto pôde até o dia amanhecer.

Não deveriam ficar perto de rio, pois seriam alvos fáceis. Eram dez pessoas livres. Jacinto guiou o grupo até uma região próxima de outro engenho. Entrou sozinho no local e saiu de lá correndo com a informação. No monte mais alto, na pedra mais alta, com a árvore mais alta. Lá estará o lugar.

Dias e dias andando até avistarem a pedra alta. Antes que chegassem, passariam por um grande rio, de forte correnteza.

Atravessando o rio, avistaram o capitão do mato com os cães e um punhado de homens armados na outra margem. Tentaram voltar para a margem, mas ouviram os tiros. Ou paravam, ou seguiam tentando a sorte de não serem atingidos pelas balas. Mônica parou, levantou os braços, trêmula, infeliz. Juvenal gritou que ainda a reencontraria e seguiu correndo. Foi atingido nas costas. Mônica chorou como nunca. E aos prantos, a ama viu seus filhos seguirem a correnteza, levados como gravetos.

Amarrada pelas mãos e puxada como bicho, Mônica retornou à fazenda. Colocaram-na no vira-mundo e taparam seu rosto com a máscara de flandres. Pensava se os filhos ainda estavam vivos e se o marido foi enterrado ou deixado para que os animais devorassem.

No dia seguinte, foi levada à casa grande. O senhor já estava decidido a vendê-la. A senhora não aceitava a desfeita depois de tratá-la como gente por tanto tempo, em sua casa cristã, com conforto e moral. Cuspiu-lhe no rosto e amaldiçoou-a.

Mônica sorriu ao ver um jovem na porta da casa. Com certeza era Quinzinho. Chamou-lhe de "meu menino" e lhe pediu clemência. O rapazinho, a quem primeiro amamentou naquela fazenda, olhou-a com pena.

— Como posso abraçar-te? Fedes, enganas, não serves para mais nada. Pensei que ainda a veria com alguma utilidade. Que Deus compadeça-se de sua alma, "Bá". Fostes uma excelente ama. Perdestes o viço. Para esquecerdes de sua família e procurardes recomeçar, que busques a felicidade em outras fazendas. Somos ainda bondosos depois de tanta ingratidão.

Escravo não falava, retrucava, ofendia, expressava sentimentos ou revolta. Engolia a seco o prato de olhos d'água.

Mônica foi vendida para uma rica família pernambucana que visitava a região. O dinheiro de sua venda ficou com Quinzinho.

Foi investido na compra de uma ama de leite para o filho que estava prestes a nascer depois que se casou com uma moça de Lisboa.

Mônica nunca soube se seus filhos sobreviveram ao rio. Viveu por mais três anos passando, cozinhando e limpando a casa da família Ventura. Contraiu tuberculose e ficou presa em local separado da senzala por cuspir sangue e ameaçar a saúde dos demais. Sozinha por vários dias, sofreu até seu corpo esgotar-se.

Mônica foi enterrada como cristã no cemitério do Engenho Ventura. Uma cruz azul sem nome foi colocada no lugar.